단군부터 김구까지 58명의 위인

한국사를 이끈 리더 인물사전

엮음 편집부 그림 이진우 외

지학사아르볼

차례

시작되는 우리 역사
단군왕검 4 · 주몽 5 · 온조 6 · 박혁거세 7 · 김수로 8

삼국의 발전과 경쟁
광개토 대왕 9 · 연개소문 10 · 근초고왕 11 · 계백 12 · 이차돈 13 · 진흥왕 14

통일 신라와 후삼국
김유신 15 · 원효 16 · 장보고 17 · 견훤 18 · 궁예 19 · 대조영 20

고려의 성립과 발전
왕건 21 · 광종 22 · 최승로 23 · 강감찬 24 · 윤관 25 · 김부식 26

고려의 변화와 위기
최충헌 27 · 공민왕 28 · 최영 29 · 최무선 30 · 정몽주 31

· 쉬어 가는 페이지 1 32

조선의 건국과 발전

태조 33 · 정도전 34 · 세종 35 · 장영실 36 · 세조 37 · 성종 38

임진왜란과 조선의 변화

조광조 39 · 이이 40 · 이순신 41 · 곽재우 42 · 광해군 43 · 허균 44

다시 일어서는 조선

효종 45 · 영조 46 · 정조 47 · 정약용 48 · 홍경래 49 · 김대건 50

개화의 움직임과 대한 제국

흥선 대원군 51 · 김옥균 52 · 유길준 53 · 전봉준 54 · 최익현 55 · 고종 56

일제의 침략과 독립운동

홍범도 57 · 안중근 58 · 방정환 59 · 한용운 60 · 안창호 61 · 김구 62

· 쉬어 가는 페이지 2 63
· 정답 64

| 한국사를 이끈 리더 ❶ 시작되는 우리 역사 | 시대 고조선 | 키워드 고조선, 환웅, 홍익인간, 웅녀, 8조법 |

단군왕검
우리 역사의 문을 연 고조선의 왕

하느님의 아들인 환웅의 아들로, 우리의 시조예요. 그는 홍익인간 정신을 바탕으로 한반도에 고조선을 세우고 나라를 다스렸어요. 고조선은 한나라에 의해 멸망했답니다.

| 환웅이 웅녀와 혼인하여 단군을 낳음 | 기원전 2333년 고조선 탄생 | 기원전 1122년 8조법 만듦 | 기원전 300년 철기 시대 시작 | 기원전 108년 고조선 멸망 |

환웅과 홍익인간

하느님의 아들 환웅이 3천여 명의 무리를 이끌고 태백산 신단수 아래로 내려왔어요. 환웅은 '널리 인간을 이롭게 하라'는 홍익인간 정신으로 인간을 다스렸답니다.

단군 신화

어느 날 환웅에게 사람이 되고 싶어 하는 곰과 호랑이가 찾아왔어요. 환웅은 그들에게 빛이 들지 않는 동굴에서 쑥과 마늘로 100일을 버티라고 명령했지요. 동굴 속에서 참다못한 호랑이는 도망을 갔고, 잘 버틴 곰은 사람이 되었어요. 환웅은 사람이 된 곰, 웅녀와 결혼하여 단군을 낳았답니다.

쳇! 정말로 곰이 단군의 어머니일 리 없잖아? 그 말은 환웅이 곰 부족과 동맹을 맺었다는 뜻이야.

8조법

고조선 때 만든 우리나라 최초의 법이에요. 8가지 중 현재 3가지 조항만 전해지고 있어요.

첫째, 남을 다치게 한 자는 곡물로 갚아야 한다.

둘째, 사람을 죽인 자는 사형에 처한다.

셋째, 남의 물건을 훔친 자는 그 집의 노비가 된다.

| 한국사를 이끈 리더 ❶ 시작되는 우리 역사 | 시대 고구려 | 키워드 고구려, 유화, 금와왕, 졸본, 유리왕 |

주몽(동명 성왕)

고구려를 세운 왕

하늘 신의 아들인 해모수와 물의 신 하백의 딸 유화 사이에서 태어났어요. 알에서 태어난 주몽은 부여를 떠나 고구려를 세웠지요. 그는 중국과 당당히 겨루며 대륙을 이끌었답니다.

| 기원전 58년 | 부여를 탈출, | 기원전 37년 | 기원전 36~28년 | 기원전 19년 |
| 알에서 태어남 | 소서노와 혼인 | 고구려가 서다 | 비류국, 북옥저 등 정복 | 세상을 떠남 |

알에서 태어난 주몽

부여의 금와왕은 유화가 알을 낳자 불길하다며 그 알을 버리라 명했어요. 하지만 놀랍게도 짐승들이 버려진 알을 보호했지요. 이에 왕은 마음을 고쳐먹고 알을 다시 가져왔어요.

알에서 깨어난 주몽은 활을 잘 쏘고 머리가 좋아 금와왕의 아들들이 질투했어요. 결국 목숨까지 위협받게 된 그는 임신한 아내를 두고 부여에서 탈출했답니다.

> 난 부여를 탈출하여 졸본 땅에 도착했어. 그리고 그 지역에 고구려를 세웠단다.

> 내가 부여를 탈출하고 난 뒤 태어난 유리가 내 아들임을 증명하는 부러진 칼날을 들고 날 찾아왔단다!

고구려와 주변 나라의 풍습

고구려가 세워졌을 때, 그 주변에는 부여, 옥저, 동예, 삼한(마한, 진한, 변한) 등의 나라가 있었어요. 각 나라에 어떤 풍습이 있었는지 살펴볼까요?

부여 흰색 숭상, 영고, 순장
고구려 데릴사위제, 순장, 동맹
옥저 민며느리제, 골장제
삼한 천군, 소도
동예 무천, 책화

| 한국사를 이끈 리더 ❶ 시작되는 우리 역사 | 시대 백제 | 키워드 백제, 주몽, 미추홀, 비류, 한강 |

온조

만백성이 즐거이 따르는 백제의 왕

고구려의 시조인 주몽의 아들이지만, 왕위를 잇지 못하고 나라를 떠났어요. 그 후 새로운 땅에서 백제를 세웠지요. 백제는 삼국 중 가장 먼저 전성기를 맞았답니다.

| 고구려에서 태어남 | 비류와 함께 고구려를 떠나 각각 나라를 세움 | 기원전 18년 나라의 이름을 십제에서 백제로 바꿈 | 기원전 5년 한성으로 도읍을 옮김 | 9년 북옥저 정복 | 28년 세상을 떠남 |

온조와 비류

온조와 비류는 고구려 주몽의 아들이에요. 아버지 주몽이 맏아들인 유리에게 왕위를 물려주자, 둘은 고구려를 떠나 한강 주변에 각각 십제와 미추홀이라는 나라를 세웠지요.

하지만 얼마 지나지 않아 형 비류가 죽었어요. 온조는 십제와 미추홀을 한 나라로 통합한 뒤, 나라 이름을 '백제'라고 바꾸었지요. 백제는 '많은 사람이 즐겁게 따랐다'는 뜻이에요.

삼국 중 가장 먼저 발전한 백제

백제는 한강 유역의 위례성을 도읍으로 삼아, 비옥한 평야가 펼쳐진 곡창 지대에 자리 잡았어요. 이곳의 풍요로운 식량을 바탕으로 빠른 발전을 이루었지요.

그리고 한강과 서해의 뱃길을 이용하여 중국과 손쉽게 무역을 했어요. 4세기 근초고왕 때는 중국의 요서, 산둥 지방과 일본의 규슈 지방까지 진출하여 활동 무대를 넓혔지요.

한국사를 이끈 리더 ❶ 시작되는 우리 역사 | 시대 신라 | 키워드 신라, 경주, 서라벌

박혁거세
천 년 왕국을 연 신라의 시조

경주 지역에 신라를 세운 왕이에요. 자줏빛 알에서 태어난 그는 6명의 촌장들에게 지지를 받아 왕위에 올랐어요. 신라는 그 후에 삼국을 통일하고 천년의 역사를 누렸답니다.

기원전 69년	기원전 57년	기원전 53년	기원전 37년	4년
알에서 태어남	왕위에 올라 나라 이름을 서라벌로 정함	알영과 혼인함	서라벌에 금성을 쌓음	세상을 떠남

신라의 시작 서라벌

박혁거세는 13살에 사로국의 임금이 되었어요. 아직 '왕'이라는 말을 사용하기 전이었으므로, 거서간으로 불리었지요. 거서간은 '밝은 태양'이라는 뜻이에요.
거서간이 된 박혁거세는 나라 이름을 서라벌로 정하고 알영을 부인으로 맞아들였어요. 둘은 백성을 위하는 마음으로 나라를 잘 다스렸지요.

> 서라벌 사람들은 정이 많고, 예의와 질서를 잘 지키는 훌륭한 백성들이었다네.

지증왕과 신라

우리가 알고 있는 '신라'라는 이름은 22번째 왕인 지증왕 때 얻게 된 거예요. 그 전까지 여러 이름이 있었답니다. 지증왕은 나라의 질서를 바로 세우고자 나라 이름을 새로이 만들고 관직 체계를 정비했어요.

> '왕'이라는 칭호도 지증왕 때 생겼단다.

알에서 태어난 지도자

알은 태양과 비슷한 모양을 하고 있어요. 그래서 우리 조상들은 알에서 태어난 사람은 하늘이 내려 준 사람이라고 생각했지요. 이런 이유로 나라를 세운 임금은 알에서 나왔다는 이야기가 만들어졌답니다.

> 나 박혁거세는 자주색 알에서 태어났어. 빛이 밝게 비추는 우물가에 놓여 있었대.

| 한국사를 이끈 리더 ❶ 시작되는 우리 역사 | 시대 가야 | 키워드 금관가야, 석탈해, 구지봉, 연맹국 |

김수로

황금 알에서 태어난 가야의 왕

금관가야를 세운 왕이에요. 알에서 태어났으며, 하늘에서 내려온 6개의 황금 알 중 가장 먼저 밖으로 나왔지요. 다른 형제들과 함께 가야를 세우고 어질게 다스렸답니다.

| 황금 알에서 태어남 | 42년 금관가야를 세움 | 43년 수도를 정함 | 44년 대결을 벌여 석탈해를 가야에서 쫓아냄 | 199년 세상을 떠남 |

구지봉에 떨어진 황금 알

옛날 경남 김해 지역에 9개의 부족이 살고 있었어요. 그러던 어느 날, 하늘에서 큰 명령이 울려 퍼졌어요. 9명의 부족장들은 하늘이 시키는 대로 구지봉의 가운데를 판 뒤, 노래(〈구지가〉)를 불렀지요.
그러자 하늘에서 황금 알 6개가 땅으로 내려왔어요. 그중 가장 먼저 알을 깨고 나온 아이가 바로 김수로왕이에요. 그는 나라 이름을 '금관가야'라 하고 왕이 되었지요.

거북아, 거북아! 머리를 내밀어라.
그렇지 않으면 너를 구워 먹겠다!

가야의 멸망

가야는 백제 차지다!
후후, 우리 신라한테 항복하시지!
가야 살려!

가야는 신라와 백제 사이에 위치한 아주 작은 나라였어요. 기름진 평야에서 생산되는 쌀과 풍부한 철 덕분에 부유하게 성장했지요.
하지만 신라와 백제의 공격을 받으면서 점점 세력을 잃었고, 결국 땅까지 빼앗겼어요.
가야는 중앙 집권 국가가 아닌, 6개의 연맹국이었어요. 그러다 보니, 가야의 힘을 하나로 합쳐 이끌 만한 강한 왕이 없었지요. 결국 신라와 백제에 제대로 대항하지 못한 가야는 멸망하고 말았답니다.

| 한국사를 이끈 리더 ❷ 삼국의 발전과 경쟁 | 시대 고구려 | 키워드 광개토 대왕릉비, 장수왕, 호우명 그릇 |

광개토 대왕

고구려를 강한 나라로 만든 왕

활발한 정복 활동을 벌이고 고구려를 동북아시아에서 가장 강한 나라로 만든 왕이에요. 부여, 백제, 가야, 왜 등 여러 나라가 광개토 대왕의 고구려군 앞에 무릎 꿇었답니다.

374년	391년	400년	410년	412년
태어남	왕이 됨	신라에서 백제·가야·왜 연합군 몰아냄	동부여 정복	세상을 떠남

여러 나라를 정복한 광개토 대왕

400년, 신라가 고구려에 도움을 청했어요. 백제, 가야, 왜가 손을 잡고 신라를 침략했기 때문이에요. 광개토 대왕의 5만 군사는 겨우 며칠 만에 백제·가야·왜 연합군을 무찔렀어요.

광개토 대왕은 북쪽의 여러 나라도 정복했어요. 후연을 몰아내고 중국의 랴오둥 반도를 차지한 데다가 동부여를 멸망시켜 영토를 크게 넓혔답니다.

호우명 그릇

경상북도 경주에서 출토되었어요. 신라를 도운 광개토 대왕의 공적을 기리기 위해 장수왕이 만들어 하사했지요.

광개토 대왕릉비

광개토 대왕의 업적과 고구려 건국 신화가 기록돼 있어요. 유네스코 세계 문화유산이에요.

내 아들 장수왕도 고구려의 영토를 크게 넓혔어. 우리 부자 덕분에 고구려가 한반도에서 가장 넓은 땅을 차지하게 됐단다.

| 한국사를 이끈 리더 ❷ 삼국의 발전과 경쟁 | 시대 고구려 | 키워드 안시성 싸움, 당 태종, 대막리지 |

연개소문

고구려의 자존심을 지킨 명장

외세의 침입이 많아 혼란한 상황 속에서 고구려를 지켜 내려고 노력했어요. 강대국인 당나라에도 자존심을 굽히지 않은 영웅이지만, 고구려를 멸망으로 이끈 독재자라는 평가도 받아요.

| 막리지(고구려 최고 관직)의 아들로 태어남 | 642년 대막리지가 됨 | 645년 안시성 싸움 승리 | 661년 나·당 연합군에 승리 | 665년 세상을 떠남 | 668년 고구려 멸망 |

수십만 군사를 물리친 작전

연개소문은 뛰어난 작전으로 당나라군을 물리쳤어요. 혹독한 추위의 겨울 날씨와 얼어붙은 강물을 이용한 작전이었지요.
당나라군이 고구려 장안성을 침략하기 위해 성 앞에 있는 언 강을 건널 때였어요. 몰래 숨어 있던 고구려군은 모아 뒀던 큰 돌덩어리를 강을 향해 던졌지요. 꽁꽁 얼었던 강은 돌덩어리의 충격으로 산산조각이 났어요.
이 작전으로 당나라 군대는 물에 빠져 죽거나 고구려군에게 잡혀 목숨을 잃었답니다.

을지문덕과 살수 대첩

을지문덕은 연개소문 이전에 강을 이용한 작전으로 중국 대군을 물리친 고구려 장수예요. 그는 강(살수)의 상류를 막았다가 수나라 군대가 오자 쌓았던 둑을 터뜨렸어요. 수나라 군사는 대부분 물에 휩쓸려 죽었고, 물에서 빠져나온 군사들도 고구려군의 화살과 창칼에 쓰러졌답니다.

나는 살수 대첩을 이끈 을지문덕 장군이야.

전쟁에서 거의 져 본 적 없는 당나라 태종도 나한테는 못 이겼다고!

고구려를 침략하지 말라던 당나라 태종의 유언을 들을 걸 그랬어!

| 한국사를 이끈 리더 ❷ 삼국의 발전과 경쟁 | 시대 백제 | 키워드 고국원왕, 칠지도, 아직기, 마한 정복 |

근초고왕
백제의 전성기를 이끈 왕

백제의 전성기를 이끈 왕으로, 한강 유역을 차지하고 고구려와 당당히 겨루었어요. 백제의 최대 영토를 만든 데다가, 활발한 해상 무역을 통해 문화를 발전시켰답니다.

- 태어남
- 369년 마한 공격, 왜에 칠지도 하사
- 371년 고구려 공격, 고국원왕 전사
- 왜에 아직기를 보내 문화 전파
- 375년 세상을 떠남

백제 역사상 최대 영토

근초고왕은 여러 나라와의 전쟁에서 이겨 백제 역사상 가장 큰 영토를 이룩했어요.
그는 마한을 정복하는 한편, 왜의 도움을 받아 가야의 땅을 빼앗았지요. 백제가 평양성을 공격해 고구려의 고국원왕이 목숨을 잃기도 했어요.
그 뒤 고구려는 근초고왕이 세상을 떠날 때까지 백제를 공격하지 못했답니다.

"우리 백제는 문화적으로 매우 뛰어났단다. 그래서 우리의 우수한 문물을 이웃 나라에 전하기도 했지."

칠지도

근초고왕이 가야 정복에 도움을 준 왜에 고마움을 표시하기 위해 보낸 선물이에요. 칠지도는 가지가 일곱 갈래로 뻗은 모양의 칼이라는 뜻이지요.

"'후왕(작은 나라의 왕)'에게 전한다고 새겨져 있지요."

정림사지 5층 석탑

백제를 대표하는 또 다른 유물로, 충청남도 부여에 있어요(7세기).
정림사지는 백제의 수도 사비성 한가운데 있던 절이에요. 이곳의 5층 석탑은 전체적으로 안정감이 있고, 세련된 느낌을 준답니다.

▶ 정림사지 5층 석탑

| 한국사를 이끈 리더 ❷ 삼국의 발전과 경쟁 | 시대 백제 | 키워드 황산벌 전투, 의자왕, 관창, 김유신 |

계백

백제의 마지막 충신

백제의 멸망을 앞두고, 5천 결사대로 신라의 5만 군사와 맞선 장수예요. 비록 전투에 지고 목숨을 잃었지만, 백제 최후의 충신으로 이름을 남겼답니다.

641년 의자왕, 백제 왕이 됨

642년 가잠성에서 신라의 공격을 막아 냄

660년 황산벌 전투 패배, 세상을 떠남, 백제 멸망

황산벌 전투

660년, 신라가 삼국 통일을 꿈꾸며 백제를 침략했어요. 신라군이 백제의 사비성 코앞까지 밀어닥치자 의자왕은 계백을 황산벌로 보냈지요. 황산벌은 백제의 수도로 향하는 마지막 관문이었어요. 계백은 전투에서 질 것을 예감해, 가족의 목숨을 거두고 싸움터로 향했지요.

백제군은 필사적으로 싸웠지만 지고 말았어요. 화랑 관창의 용기 있는 죽음으로 신라군의 사기가 높아졌기 때문이었지요. 그 뒤, 백제는 신라와 당나라 연합군에게 패해 멸망했답니다.

낙화암

백제가 멸망하자, 의자왕의 궁녀들이 이곳에서 스스로 몸을 던져 목숨을 끊었다고 해요. 그 모습이 꽃잎이 날리는 것 같았다고 해서 낙화암(落떨어질 락 花꽃 화 巖바위 암)이라고 불리게 되었답니다.

◀ 낙화암과 백마강

| 한국사를 이끈 리더 ❷ 삼국의 발전과 경쟁 | 시대 신라 | 키워드 불교, 법흥왕, 순교 |

이차돈

불교를 위해 목숨을 바친 순교자

나라에 불교를 널리 퍼지게 하기 위해 스스로 목숨을 바친 순교자예요. 그 덕분에 신라는 불교를 받아들여 백성들의 마음을 하나로 모으고 강한 나라가 될 수 있었어요.

| 신라 눌지왕 때 불교가 전하여 들어옴 | 502년(또는 506년) 태어남 | 몰래 불교를 공부함 | 527년 법흥왕과 모의하고 순교함. 불교가 신라의 공식 종교로 인정받음 |

이차돈의 신비로운 죽음

527년, 신라에서 아주 신비로운 일이 일어났어요. 불교 신자 이차돈을 처형할 때 그의 목에서 하얀 피가 나온 거예요. 동시에 하늘이 캄캄해지고 땅이 흔들렸어요. 하늘에서 꽃잎이 나부끼며 떨어지기까지 했지요.
놀란 귀족들은 그 뒤로 불교를 반대하지 않았어요. 이차돈의 순교로 불교는 나라의 종교가 되었어요. 불교는 신라의 문화가 발전하는 데 밑거름이 되었답니다.

이차돈, 그대의 희생으로 불교가 공인되고, 왕권이 강화되었네. 그대를 위해 절을 지을 것이야.

법흥왕

◀ 이차돈 순교비

신라를 대표하는 불교 문화재

뒷날 불교 국가로 성장한 신라의 아름다운 불교 문화재들을 만나 보아요.

❶ 불국사
❷ 다보탑
❸ 석가탑

다보탑은 10원짜리 동전 뒷면에 새겨져 있지.

| 한국사를 이끈 리더 ❷ 삼국의 발전과 경쟁 | 시대 신라 | 키워드 대가야 정복, 나제 동맹, 화랑, 진흥왕 순수비 |

진흥왕

삼국 통일의 발판을 닦은 왕

활발한 정복 활동을 벌이며 신라의 전성기를 이끈 왕이에요. 백제로부터 한강 하류 전체를 빼앗고 화랑 제도를 정비하여 삼국 통일의 발판을 마련했답니다.

- **534년** 태어남
- **540년** 왕위에 오름
- **553년** 나제 동맹을 깸, 한강 하류 차지
- **554년** 백제 성왕을 죽임
- **562년** 대가야 정복
- **576년** 세상을 떠남

통일의 발판을 닦은 정복왕

신라를 강한 나라로 만들고 싶었던 진흥왕은 무서운 속도로 영토를 넓혀 나갔어요.

먼저 백제와 동맹을 맺은 뒤, 함께 고구려를 공격해 한강 상류와 하류를 나눠 가졌어요. 이후 진흥왕은 이 동맹을 깨고 백제를 공격해 한강 하류를 차지했지요.

한강은 군사적·외교적으로 아주 중요한 지역이었어요. 이곳을 차지한 신라는 영토를 넓혔고, 한강을 통해 중국과 교류하면서 국력도 키웠어요. 이는 뒷날 삼국 통일에 중요한 발판이 되었답니다.

▲ **진흥왕 순수비**
새로이 신라의 땅이 된 지역을 기념하기 위해 세운 비석

나제 동맹을 깨고 과감하게 한강을 차지했을 때, 난 겨우 20살이었지.

화랑 제도

나라를 이끌 인재를 키우고자 만든 신라의 청소년 단체예요. 각종 교육은 물론 군사 훈련도 받아서 삼국 통일에 큰 공을 세웠어요.

화랑은 '세속 오계'라는 5가지 계율을 반드시 지켰답니다.

우린 나라의 안정과 평화를 위해 학문과 무예를 갈고닦았어.

나 원광 법사가 진평왕 때 세속 오계를 만들었단다.

세속 오계

- 충성으로 임금을 섬겨라.
- 어버이에게 효도해라.
- 믿음과 의리를 바탕으로 벗을 사귀어라.
- 전쟁에서 물러서지 마라.
- 함부로 생명을 해치지 마라.

한국사를 이끈 리더 ❸ 통일 신라와 후삼국 | 시대 신라 | 키워드 삼국 통일, 화랑, 김춘추

김유신

삼국 통일을 이끈 명장

멸망한 가야의 후손으로 태어나 신라 최고의 장수가 되었어요. 당시는 고구려, 백제, 신라, 당나라가 서로 다투는 어지러운 시대였어요. 김유신은 김춘추와 힘을 합쳐 신라의 삼국 통일을 이끌었지요.

595년	609년	660년	668년	673년
태어남	화랑이 됨	나·당 연합군이 백제를 무너뜨림	나·당 연합군이 고구려를 무너뜨림	세상을 떠남

김유신과 김춘추

김유신과 김춘추는 힘을 합쳐 삼국 통일을 이룬 왕과 신하이자, 가족 관계에 있어요. 김춘추가 김유신의 동생과 혼인했거든요. 둘을 이어 준 사람이 바로 김유신이에요.

김유신은 일찍이 김춘추의 재능을 알아보고 왕이 될 재목이라 여겼어요. 그래서 그와 가까워지고자 했지요. 어느 날, 여럿이서 놀이를 하다가 김춘추의 옷이 찢어졌어요. 김유신은 김춘추를 집으로 데려가 여동생에게 바느질을 맡겼지요. 그의 바람대로 여동생과 김춘추는 사랑에 빠졌고, 결혼했답니다.

둘이 잘되어야 할 텐데…….

삼국 통일에 대한 엇갈린 평가

👍 좋아요	👎 싫어요
· 고구려, 백제, 신라로 나뉘어 싸우던 민족을 통일했어요. · 한반도를 집어삼키려는 당나라군을 몰아냈어요.	· 당나라의 힘을 빌려 통일을 이루었어요. · 고구려와 백제 일부 지역만을 차지한 불완전한 통일이에요.

한국사를 이끈 리더 ❸ 통일 신라와 후삼국　　시대 신라　　키워드 불교 대중화, 의상, 요석 공주, 설총, 해골 물

원효

불교 대중화에 앞장선 명승

귀족을 위한 종교였던 불교를 백성에게도 알리고자 노력했어요. 어려운 경전을 쉽게 풀이하고, 노래로 만들어 퍼뜨리며 불교를 전파하는 데 큰 공을 세웠지요.

617년	631년경	요석 공주와의 사이	불교 대중화에	686년
태어남	승려가 됨	에서 설총을 낳음	힘씀	세상을 떠남

원효와 해골 물

661년, 원효가 의상과 함께 당나라로 불교 공부를 하러 떠났어요. 깊은 산중에서 날이 저물어 둘은 급하게 찾은 구덩이에서 잠을 청했지요.

원효는 중간에 목이 말라 잠에서 깼어요. 때마침 물그릇 같은 게 손에 잡혔지요. 원효는 그릇 속의 물을 벌컥벌컥 들이켰어요.

다음 날 아침, 잠에서 깬 원효는 소스라치게 놀랐어요. 그들이 잔 곳은 공동묘지의 무덤 안이었고, 주위엔 해골바가지가 뒹굴고 있었거든요.

원효는 웩! 구역질을 했어요. 그러다 문득 생각했지요.

'지난밤에도 지금도 저 물은 해골 물이야. 달라진 건 저 물이 아니라 내 마음이구나.'

원효는 모든 것은 마음에 달렸다는 큰 깨달음을 얻고 신라로 발걸음을 돌렸어요.

물맛 참 좋구나!

우리 가족을 소개합니다!

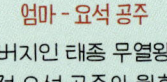

아들 - 설총
신라의 3대 문장가로 꼽혀요. 이두를 정리하고 발전시킨 학자예요.

엄마 - 요석 공주
아버지인 태종 무열왕이 직접 요석 공주와 원효를 짝지어 주었어요.

아빠 - 원효
부처님의 말씀을 알리기 위해 평생을 바쳤어요. 신라 불교를 이끈 리더랍니다.

| 한국사를 이끈 리더 ❸ 통일 신라와 후삼국 | 시대 통일 신라 | 키워드 골품제, 청해진, 해상 무역 |

장보고

청해진을 만든 해상왕

완도에 군사 기지인 청해진을 만들어 해적을 물리쳤어요. 주변 국가와의 활발한 무역을 이끌며 해상왕이라 불리었지만, 부하 염장의 배신으로 허무한 죽음을 맞이했어요.

| 태어남 | 805년경 당나라에서 벼슬을 지냄 | 828년 신라로 돌아와 청해진을 설치함 | 838년 반란을 일으켜 김우징이 왕이 되도록 도움 | 846년 세상을 떠남 | 851년 청해진 없어짐 |

골품제

신라 시대의 신분 제도예요. 최고 신분은 성골과 진골이고, 그 아래로 6두품에서 1두품까지 6개 등급을 두었어요. 계급에 따라서 옷 색깔, 옷감의 종류, 신발의 재질, 쓸 수 있는 그릇의 수 등이 달랐고, 관직을 얻는 데도 차별이 있었어요.

성골 : 왕족(왕족과 왕족 사이에서 태어난 사람)
진골 : 왕족(왕족과 귀족 사이에서 태어난 사람)
두품 : 귀족(6~4두품), 평민(3~1두품)

피라미드: 성골 / 진골 / 6두품 / 5두품 / 4두품 / 3두품 / 2두품 / 1두품

> 난 평민으로 태어나 출세하기 어려웠어. 그러나 청해진에서 나라를 지키며 바다의 왕이라 불리었지.

장보고는 ooo이다!

> 장보고는 해상 무역을 통해 엄청난 부를 쌓은 **장사꾼**이야. 평민 출신 장보고가 진짜 원한 것은 권력의 중심에 서는 일이었을 거야.

> 내 생각은 달라. 장보고는 **영웅**이야. 그가 해적을 없앤 덕분에 백성들 삶에 평화가 찾아왔어.

한국사를 이끈 리더 ❸ 통일 신라와 후삼국 | 시대 후백제 | 키워드 후삼국, 후백제

견훤

후백제를 세우고 멸망시킨 비운의 왕

타고난 용맹함과 뛰어난 리더십으로 후백제를 세웠어요. 하지만 큰아들 신검에게 왕의 자리를 빼앗기고 고려로 몸을 피했지요. 결국 견훤 부자의 다툼으로 후백제는 멸망하고 말았어요.

867년	900년	935년	936년
태어남	후백제를 세움	아들에게 왕위를 빼앗기고 왕건에게 항복함	후백제가 망한 후 병을 얻어 죽음

후삼국

통일 신라 말기의 신라, 후백제, 후고구려(고려)를 통틀어 부르는 말이에요.

견훤의 왕권 강화

견훤은 군인들이 직접 자신들의 식량을 농사짓는 둔전제를 실시하고, 무거운 세금을 없애는 등 백성의 생활을 안정시켰어요. 또한 왕족들을 중요한 지방에 보내 직접 다스리게 했지요.
이러한 정책 덕분에 왕권을 강화할 수 있었답니다.

걸리적거리는 지방 호족 세력을 확 눌러 버렸어.

견훤 탄생 설화

광주 북촌의 한 부잣집에 예쁘기로 소문난 딸이 있었어요. 그런데 어느 날부터 자줏빛 옷을 입은 남자가 밤마다 딸을 찾아왔고, 딸은 덜컥 임신을 했지요.
알고 보니 남자는 사람이 아니라 신통력 있는 지렁이였어요. 부잣집 딸과 지렁이 사이에서 태어난 아이가 바로 견훤이랍니다.

난 호랑이 젖을 먹고 자랐다는 전설도 있어.

한국사를 이끈 리더 ❸ 통일 신라와 후삼국 | 시대 후고구려 | 키워드 후삼국, 왕건, 견훤

궁예

후고구려를 세운 개혁가

후고구려를 세우고, 견훤의 후백제와 더불어 후삼국 시대를 열었어요. 백성을 구하는 미륵불이 되고자 하였으나, 결국 폭군으로 역사에 남았지요.

- **896년** 강원도 철원 지방을 손에 넣으며 세력을 키움
- **901년** 후고구려를 세움
- **915년** 부인과 두 아들을 죽임
- **918년** 백성들의 손에 죽음

애꾸눈 궁예

《삼국사기》 등 기록에 따르면 궁예는 신라의 왕자였다고 해요. 하지만 나라에 해를 끼칠 거라는 예언 때문에 왕은 궁예를 없애라고 명령했어요.
왕의 명을 받은 신하는 궁예를 다락 아래로 던졌어요. 바로 이때, 유모가 밑에 숨어 있다가 궁예를 받아 냈지요. 하지만 실수로 한쪽 눈을 찔렀고, 궁예는 애꾸가 되었답니다.

궁예의 관심법

궁예는 스스로 미륵불이라 부르며, 사람의 마음을 꿰뚫어 보는 '관심법'을 터득했다고 주장했어요. 그런 다음 관심법을 구실로 마음에 안 드는 사람들을 잔인하게 죽였지요.
궁예는 관심법으로 강력한 왕권을 만들고자 했지만, 이는 결국 모든 사람이 그에게 등을 돌리는 결과를 가져왔어요.

왕건! 그대도 반역을 일으키려 했지? 내 관심법으로 너의 마음을 다 보았다!

일단 큰 화를 당하지 않게 거짓으로 잘못을 인정하고 훗날을 기약하리라.

제가 마음속으로 잠시 반란을 꾀했으니, 부디 용서해 주소서!

한국사를 이끈 리더 ❸ 통일 신라와 후삼국 | 시대 발해 | 키워드 남북국, 고구려, 당, 해동성국, 《발해고》

대조영

발해를 세운 고구려인

당나라군에게 쫓기던 고구려 유민들을 이끌고 말갈족과 함께 발해를 세웠어요. 이때부터 신라와 발해가 경쟁하는 남북국 시대가 시작되었지요.

| 고구려 장수의 아들로 태어남 | 698년 나라를 세워 '진'이라 부름 | 713년경 나라 이름을 '발해'로 바꿈 | 719년 세상을 떠남 | 926년 거란의 공격으로 발해가 멸망함 |

고구려의 후예

내가 세운 발해는 훗날 '해동성국'이라 불리며 전성기를 맞이했단다!

발해를 세운 대조영은 고구려의 유민이고, 발해의 지배 계층 역시 고구려인이었어요. 또한 문왕은 외국에 보내는 문서에 나라 이름을 고구려라 하고, 스스로 고구려의 왕이라고 칭했지요.
그런가 하면 문왕의 둘째 딸인 정혜 공주의 무덤은 고구려 후기의 고분 양식인 돌방무덤 방식으로 만들어졌답니다.
발해의 백성들도 집을 지을 때 온돌을 사용하는 등 고구려의 문화를 따랐어요.

유득공의 《발해고》

발해는 넓은 영토를 차지한 강력한 나라였어요. 하지만 유득공이 《발해고》를 쓰기 전까지 발해에 대한 기록은 《삼국사기》나 《삼국유사》에 몇 줄 나온 것이 다였지요.
유득공은 발해를 세운 대조영이 고구려인이었으며, 발해 땅이 고구려 땅이었다는 사실을 밝혔어요.

발해에 대한 자료는 여전히 부족하답니다. 그러니 앞으로 더욱 관심을 갖고 연구해야 해요.

한국사를 이끈 리더 ④ 고려의 성립과 발전 | 시대 고려 초기 | 키워드 궁예, 후고구려, 〈훈요십조〉

왕건

한반도를 통일한 고려 태조

궁예를 몰아내고 새 왕조를 열었어요. 그는 나라의 도읍을 개성으로 옮기고, 북쪽에 있는 거란과 맞서 싸우며 고구려의 옛 땅을 되찾기 위해 노력했답니다.

- **877년** 왕륭의 아들로 태어남
- **918년** 고려 건국
- **935년** 신라가 고려에 항복함
- **936년** 후삼국 통일
- **943년** 〈훈요십조〉 만듦, 세상을 떠남

고려 건국

왕건은 후고구려의 왕 궁예의 부하였어요. 궁예에게 능력을 인정받은 왕건은 한반도 곳곳을 누비며 영토를 넓혔지요. 하지만 궁예가 포악한 정치를 일삼자 그를 몰아내고 새 나라 고려를 세웠어요.

〈훈요십조〉

왕건이 왕위를 이을 자손들을 위해 남긴 10가지 유언이에요. 종교와 공부의 중요성, 도덕적인 나라와 백성, 풍수지리 사상 등을 담고 있어요.

'신라의 통일'과 '고려의 통일'의 차이점

신라와 고려는 모두 한반도를 통일했지만, 큰 차이점이 있어요. 신라는 당나라의 힘을 빌려 통일을 이루었고, 한반도 남쪽만을 통합했지요.

반면에 고려는 다른 나라의 힘을 빌리지 않고 자주적으로 민족의 통합을 이루었어요. 또 멸망한 발해의 유민들도 받아들여 더욱 가치 있는 통일을 했답니다.

발해의 유민들이여, 고려로 오라! 그대들은 고구려의 후손이니 우리와 한 민족이다!

한국사를 이끈 리더 ❹ 고려의 성립과 발전 | 시대 고려 초기 | 키워드 노비안검법, 쌍기, 과거 제도

광종
고려의 기틀을 세운 군주

왕권이 약하던 고려 초, 광종은 왕권 강화를 위해 나라를 개혁해 나갔어요. 그는 부패한 지방 호족의 힘을 빼앗고, 좋은 제도를 시행하여 나라를 튼튼하게 다졌답니다.

925년	949년	956년	958년	975년
태조 왕건의 셋째 아들로 태어남	고려 제4대 왕이 됨	노비안검법 시행	과거 제도 시행	세상을 떠남

개혁 군주

광종이 왕위에 올랐을 때는 호족의 힘이 세서 왕실의 안전이 위협받던 시기였어요. 그래서 광종은 왕권 강화를 위해 노비안검법과 과거 제도를 시행하는 등 꾸준한 개혁 정치를 펼쳤지요. 그 결과 호족의 힘이 크게 줄고 왕권이 강해졌어요.

외국인 사신 쌍기

쌍기는 광종이 왕이 된 것을 축하하기 위해 중국 후주에서 보낸 사신이었어요. 광종은 쌍기의 똑똑함과 지혜로움이 남다르다는 것을 깨닫고 고려의 신하로 등용했지요. 둘은 나랏일을 함께 의논하며 고려를 발전시켰답니다.

중요한 벼슬은 모두 호족들 차지였는데, 과거 시험을 통해 일반 백성도 벼슬에 오를 기회가 생겼지!

그대의 지혜를 고려에서 펼쳐 주게!

힘이 된다면 기꺼이 돕겠습니다.

노비안검법

억울하게 노비가 된 백성을 원래의 신분으로 돌아가게 해 주는 제도예요. 이들은 주로 전쟁에서 포로로 잡혀 왔거나, 세금을 내지 못해 노비가 된 사람들이었지요. 이 제도는 노비를 거느리던 호족의 힘을 약하게 하는 효과도 있었어요.

한국사를 이끈 리더 ❹ 고려의 성립과 발전 | 시대 고려 초기 | 키워드 6두품, 성종, 〈시무 28조〉, 유교, 국자감

최승로

유교 사회를 위해 애쓴 재상

신라 6두품 출신의 유학자로, 태조 왕건의 눈에 띄어 좋은 교육을 받고 관직에 올랐어요. 성종 때 큰 벼슬을 얻은 뒤, 고려의 통치 체제를 유교 중심으로 정비했지요.

927년	935년	939년	981년	982년	989년
6두품 집안에서 태어남	신라가 고려에 항복	왕건의 눈에 띔	성종에 의해 큰 벼슬에 오름	〈시무 28조〉 작성	세상을 떠남

유능한 유학자

최승로는 고려 태조부터 제6대 왕 성종까지, 여러 임금을 섬긴 능력 있는 유학자였어요. 그의 유교 사상은 고려에 유교 열풍을 불러왔지요.
특히 성종은 최승로가 쓴 〈시무 28조〉에 감동하여 그의 조언에 귀 기울이고, 고려를 유교 사회로 개혁해 나갔어요.

〈시무 28조〉

고려 성종 때, 최승로가 고려의 통치 체제를 유교 중심으로 만들기 위해 왕에게 올린 개혁안이에요. 정치·경제·사회·문화 등 여러 분야에 대한 의견이 담겨 있지요.
성종 이후의 왕들도 이를 보고 따랐을 만큼, 고려를 다스리는 데 꼭 필요한 내용이었어요.

時 務
때 시 힘쓸 무

그 시대에 급하게 다루어야 할 중요한 나랏일

6두품과 유교

신라 시대에 왕족을 제외한 6개의 신분 계급 중 가장 높은 신분의 귀족을 가리키는 말이에요. 성종 때 6두품 출신의 유학자들이 정치에 많이 참여하면서, 유교 정치가 고려에 자리 잡기 시작했답니다.

앞으로도 내 곁에서 나라의 잘못된 부분을 바로 잡아 주시오!

성은이 망극하옵니다.

유교를 가르치던 교육 기관 **국자감**은 내 건의로 세워졌어.

한국사를 이끈 리더 ④ 고려의 성립과 발전 | 시대 고려 초기 | 키워드 귀주 대첩, 흥화진 전투, 요나라

강감찬
귀주 대첩의 영웅

고려 초기의 문신이자, 나라에 침입한 요나라를 물리친 장군이에요. 고구려의 을지문덕, 조선의 이순신과 함께 외적으로부터 나라를 구한 3대 영웅으로 손꼽히지요.

948년	983년	1010년	1018년	1019년	1031년
태어남	문과에 장원 급제	나라의 외교 업무를 맡음	흥화진 전투 승리	귀주 대첩 승리	세상을 떠남

문신과 무신을 넘나드는 활약

강감찬은 늦은 나이로 문과에 장원 급제하여 고을을 다스리는 관리가 되었어요. 그가 백성의 이야기를 잘 들어 주고 문제를 훌륭하게 해결해 나가자, 사람들은 그를 매우 존경했지요.

강감찬이 외교 업무를 맡아보는 벼슬에 올랐을 때, 거란이 세운 요나라가 고려에 침략해 왔어요. 그는 요나라의 3차 침입 때 흥화진 전투와 귀주 대첩에 나가 고려의 승리를 이끌었답니다.

거란을 세 번 물리친 고려

1차 993년, 고려의 외교관 서희가 요나라 장수 소손녕을 말로 잘 설득하여, 요나라군을 고려 땅에서 물러나게 했어요.

2차 1010년, 요나라 성종이 직접 군대를 이끌고 고려에 침입했으나, 양규가 이끌던 고려군에게 패하고 후퇴했어요.

3차 1018년, 강감찬이 이끄는 고려군이 흥화진과 귀주에서 요나라군을 크게 물리쳤어요.

흥화진에서는 강물을, 귀주 벌판에서는 바람을 이용하여 거란을 물리쳤어!

한국사를 이끈 리더 ❹ 고려의 성립과 발전 | 시대 고려 중기 | 키워드 여진 정벌, 동북 9성, 척준경, 별무반

윤관

동북 9성을 손에 넣은 공신

별무반과 함께 여진을 정벌하고 동북 9성을 쌓은 장군이에요. 그는 고려의 북쪽 땅을 넓히는 데 힘썼으며, 철저한 군사 훈련으로 고려의 군사력을 높이 끌어올렸답니다.

1073년 과거에 급제하여 벼슬에 오름

1104년 별무반을 만듦

1107년 여진을 무찌름, 동북 9성을 쌓음

1111년 세상을 떠남

여진 정벌과 동북 9성

여진은 고려의 동북쪽 국경 너머에서 흩어져 살던 유목민이에요. 이들은 힘을 점차 키워 국경 지역에 있는 고려 백성을 괴롭혔어요. 심지어 동북 지방을 마음대로 차지해 버렸지요.

윤관은 부하 척준경, 특수 부대 별무반과 함께 여진 정벌에 나섰어요. 그는 여진을 물리치고, 빼앗겼던 땅도 되찾았지요. 그리고 그 지역에 동북 9성과 그곳이 고려의 땅임을 알리는 비석을 세웠답니다.

동북 지역은 우리 고려의 땅!

별무반

윤관이 여진과의 전쟁에 대비하기 위해 만든 고려의 특수 부대예요.
신보군, 신기군, 항마군, 이 세 집단을 모아 만들었어요.

말을 타고 싸우는 여진의 병사들을 상대하기 위해서는 우리 신기군이 꼭 필요했지.

신보군 땅에서 싸우는 병사

신기군 말을 타고 싸우는 병사

항마군 승려 병사

한국사를 이끈 리더 ❹ 고려의 성립과 발전 | 시대 고려 중기 | 키워드 《삼국사기》, 묘청의 난, 문벌 귀족

김부식

《삼국사기》를 지은 유학자

고려의 정치가이자, 《삼국사기》를 쓴 유학자예요. 신라 왕실의 후손 집안에서 태어난 뒤, 문벌 귀족이 되었지요. 묘청의 난을 물리쳐서 제17대 왕 인종의 신뢰를 받고 제일 높은 벼슬에 올랐어요.

1075년	1096년	1116년	1145년	1151년
태어남	과거에 급제함	송나라 황제에게 《자치통감》을 선물받음	《삼국사기》 완성	세상을 떠남

《삼국사기》

김부식이 펴낸 삼국의 역사책이에요. 삼국이 세워졌을 때부터 신라가 멸망할 때까지, 천 년의 역사가 담겨 있지요.
역대 왕들과 중요한 나랏일에 대한 이야기가 실린 '본기', 제도나 지리 등을 다룬 '지', 여러 사건을 연대순으로 배열한 '표', 삼국 시대의 위인을 다룬 '열전'으로 구성되어 있어요.

> 우리가 삼국 시대에 무슨 사건이 있었는지 자세히 알 수 있는 것은 내 책 《삼국사기》 덕분이지.

'묘청의 난'을 알려 줄게!

묘청은 인종을 만나 고려의 수도를 개경에서 서경으로 옮겨야 한다고 주장했어요. 서경 출신 관리자들도 그의 주장에 힘을 보탰지요. 하지만 개경을 중심으로 세력을 키운 문벌 귀족들은 이 일을 반대했어요.
서경 천도 계획이 물거품이 되자, 묘청은 반란을 일으켰어요. 김부식은 군대를 이끌고 나가 그들과 싸워 이기고 큰 공을 세웠지요.

> 묘청! 어서 성 밖으로 나와 항복하라!

> 서경 천도가 안 된다면 새 나라를 세울 것이다!

| 한국사를 이끈 리더 ❺ 고려의 변화와 위기 | 시대 고려 중기 | 키워드 무신 정권, 무신의 난, 만적의 난 |

최충헌

무신 정권의 최고 권력자

무신의 난 이후 무신들이 나라를 쥐락펴락했어요. 최충헌은 서로 죽고 죽이며 권력을 차지하던 어지러운 시기를 정리하고 60여 년간 이어지는 정권을 세웠어요.

| 1149년 | 1170년 | 1196년 | 1219년 | 1258년 |
| 태어남 | 무신의 난 일어남 | 이의민을 죽이고 권력을 잡음 | 세상을 떠남 | 최씨 정권이 무너짐 |

'무신의 난'을 알려 줄게!

1170년 군대의 우두머리인 무신들이 반란을 일으킨 사건이에요. 당시 문신은 권력을 손에 쥐고 나라를 마음대로 주물렀어요. 이에 정중부, 이의방, 이고 3명의 무신을 중심으로 무신의 난이 일어났지요.
하지만 이들은 반란에 성공한 뒤 권력을 독차지하기 위해 치열하게 싸웠어요. 정중부, 경대승, 이의민, 최충헌을 중심으로 이어진 무신들의 세상은 거의 100년 동안 계속되었답니다.

칼보다 붓이 강하다니, 웃기는 소리! 내 칼은 붓으로 못 막을걸?

우리도 노비 신분을 벗어날 수 있어!

'만적의 난'을 알려 줄게!

무신 정권이 계속되는 동안 나라는 몹시 혼란스러웠어요. 이의민 같은 천민 출신이 공을 세우고 권력을 잡는 일이 생기자, 곳곳에서 신분 상승을 위한 난이 일어났지요.
대표적인 난이 최충헌의 노비가 일으킨 만적의 난이에요. 비록 동료의 배신으로 실패하고 말았지만, 신분을 벗어나려고 시도한 것 자체로 큰 의미가 있어요.

한국사를 이끈 리더 ❺ 고려의 변화와 위기 | 시대 고려 후기 | 키워드 원나라, 권문세족, 노국 공주, 신돈

공민왕

고려의 마지막 희망

고려는 원나라의 간섭으로 오랫동안 고통받았어요. 공민왕은 이런 어려운 상황 속에서 원나라에 맞서며 자주적인 개혁 정치를 펼쳤지요.

1330년	1341년	1351년	1366년	1374년
태어남	볼모로 원나라에 감	왕위에 오름	승려 신돈을 내세워 개혁에 힘씀	신하들에게 죽임을 당함

노국 공주를 사랑한 공민왕

공민왕은 원나라의 압박과 고려 귀족들의 거센 반대에도 불구하고 꿋꿋이 개혁을 이루어 냈어요. 이런 모습만 보면 공민왕은 무척 강인한 남자였을 것 같아요. 하지만 그는 글씨도 잘 쓰고, 그림도 잘 그리며, 무엇보다 아내를 끔찍이 사랑하는 부드러운 남자였어요. 사랑하는 아내 노국 공주가 죽자, 나랏일을 돌보지 못할 정도로 큰 슬픔에 빠졌다고 해요.

◀ 공민왕이 그린 천산대렵도
▼ 공민왕이 쓴 청량사 유리보전 현판

고려의 지배 계층 변화

호족
고려 초의 지배 계층으로, 고려를 세우는 데 도움을 줌

문벌 귀족
과거제 시행 후 나타난 지배층으로, 무신의 난 이후 몰락함

권문세족
고려가 몽골에 항복한 뒤, 원의 세력에 붙어 권력을 잡은 계층

신진 사대부
과거제를 통해 능력을 인정받고, 개혁을 추구한 세력

한국사를 이끈 리더 ❺ 고려의 변화와 위기 | 시대 고려 후기 | 키워드 홍건적, 왜구, 공민왕, 이성계, 우왕

최영

고려를 지키려 한 명장

'황금 보기를 돌같이 하라'는 명언으로 유명한 최영 장군은 고려를 지키는 데 평생을 바쳤어요. 수차례 왜구와 홍건적을 물리쳤지만, 이성계가 권력을 잡은 후 처형당했어요.

1316년	1352년	1359년	1376년	1388년
태어남	조일신의 난을 진압하고 공민왕을 보호함	홍건적을 물리침	왜구를 크게 물리침	세상을 떠남

끊임없는 외적의 침입

고려 말은 나라 안팎으로 일어난 많은 변화로 인해 큰 위기가 있었어요. 당시 원나라는 반란 때문에 몸살을 앓았어요. 반란을 일으킨 세력은 머리에 붉은 수건을 쓴 '홍건적'이었지요. 이들은 고려까지 쳐들어와 피해를 입혔어요.
당시 일본도 남북으로 갈라져 전쟁을 하고 있었는데, 먹고살기 힘들어진 일본인들은 해적이 되어 고려를 약탈했답니다.
최영은 북으로는 홍건적을, 남으로는 왜구를 물리치며 고려를 위기에서 구했어요.

풀이 나지 않는 최영 장군의 묘

거봐, 내가 뭐랬어. 나는 결백하다니까.

최영은 왕을 우습게 여기고, 권력에 욕심을 부렸다는 이유로 처형되었어요. 물론 사실이 아니었지요. 그는 죽기 전에 이런 말을 남겼다고 해요.
"정말 내게 죄가 있다면 무덤에서 풀이 자랄 것이고, 죄가 없다면 풀 한 포기 나지 않을 것이다."
신기하게도 최영이 죽은 1388년부터 1976년까지 그의 무덤에는 풀이 자라지 않았어요. 현재는 풀이 조금 나 있는데, 이는 오랜 시간이 지나서 그의 억울함이 풀렸기 때문 아닐까요?

한국사를 이끈 리더 ❺ 고려의 변화와 위기 | 시대 고려 후기 | 키워드 원나라, 화약, 화통도감, 왜구

최무선

화약 무기를 만든 과학자

화약을 원나라로부터 수입하여 쓰던 시절, 최무선은 홀로 화약을 연구했어요. 그 결과 최무선은 우리나라 최초로 화약을 만들어 냈어요. 그의 기술은 조선에까지 이어졌답니다.

| 1325년 | 화약 연구에 | 1377년 | 화약 무기로 | 1395년 |
| 태어남 | 열중함 | 화통도감을 설치함 | 왜구를 무찌름 | 세상을 떠남 |

최무선이 만든 무기

최무선은 화통도감을 세우고, 그곳에서 다양한 무기들을 만들어 냈어요. 우리나라 최초의 로켓이라 할 수 있는 '주화'도 최무선이 만들었지요. 주화는 화살에 단 화약통을 터뜨려서 강력한 힘으로 화살을 쏘아 보내는 무기예요. 로켓의 원리와 같지요. 주화는 조선 시대 '신기전'이란 무기로 재탄생되었는데, 이 화살은 최대 2킬로미터까지 날아갔다고 해요.

▲ 화포

해냈어! 드디어 화약을 만들었다!

고려의 문화유산

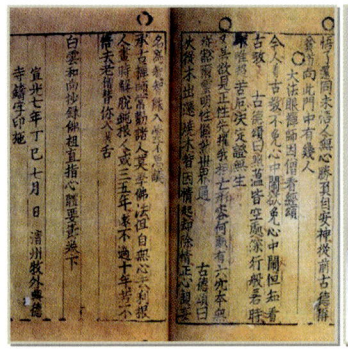

《직지심체요절》 1377년 흥덕사라는 절에서 찍어 낸 책으로, 독일의 구텐베르크가 서양 최초로 만든 금속 활자 인쇄본보다 200년이나 앞섰답니다.

고려청자 푸른빛의 도자기예요. 고려는 송나라의 영향을 받아 청자를 만들기 시작했지만, 고려청자의 아름다움은 그 어느 자기와도 비교할 수 없을 정도였어요.

| 한국사를 이끈 리더 ❺ 고려의 변화와 위기 | 시대 고려 후기 | 키워드 성리학, 이성계, 이방원, 정도전, 〈단심가〉 |

정몽주

역사에 길이 남은 고려의 충신

정몽주는 뛰어난 학자이자 능력 있는 외교관이며, 개혁을 추진한 정치가예요. 하지만 고려를 없애고 조선을 세우는 데 반대하다 선죽교에서 죽임을 당하고 말았어요.

1337년	1367년	사신으로	1392년
태어남	성균관 박사가 됨	활약함	이방원에게 죽임을 당함. 이성계가 조선을 건국함

신진 사대부 : 온건파 대 급진파

고려 말, 신진 사대부는 고려의 개혁 문제를 두고 온건파와 급진파로 나뉘었어요.

온건파	급진파
"고려 왕조를 지키면서 천천히 개혁하자!"	"고려를 없애고 새로운 왕조를 열자!"
대표 인물 : 정몽주, 길재, 이색	대표 인물 : 정도전, 조준
	급진파를 도운 인물 : 이성계, 이방원

차근차근 개혁하자고.

아예 새 나라를 열어야 합니다!

시조로 확인한 마음

이방원은 정몽주를 죽이기 전에 그의 생각을 떠보기 위해 시를 읊었어요. 정몽주도 이에 답하는 시를 지었지요. 정몽주의 마음을 확인한 이방원은 선죽교에서 정몽주를 죽였어요.

이방원 〈하여가〉

이런들 어떠하리 저런들 어떠하리
만수산 드렁칡이 얽혀진들 어떠하리
우리도 이같이 얽혀서 백 년까지 누리리라

→ 우리와 함께 새 나라를 만듭시다!

정몽주 〈단심가〉

이 몸이 죽고 죽어 일백 번 고쳐 죽어
백골이 진토 되어 넋이라도 있고 없고
님 향한 일편 단심이야 가실 줄이 있으랴

→ 난 절대 고려를 배신할 수 없소!

쉬어 가는 페이지 1

가로

2. 고구려의 정치가로, 나·당 연합군을 물리친 대막리지
3. 고려 장군 강감찬이 너른 벌판에서 바람을 이용하여 요나라(거란)군을 물리친 전투
5. 이차돈이 목숨을 바치면서까지 널리 전파하려던 종교
6. 김부식이 펴낸 삼국의 역사책
8. 고려 시대에 최무선이 다양한 무기를 만들던 관청
10. 고려 시대에 별무반을 만들고 여진을 정벌한 뒤 동북 9성을 쌓은 장군
11. 왕건이 왕위를 이을 자손들을 위해 남긴 10가지 유언
15. 고구려의 후예인 대조영이 세운 나라로, 훗날 해동성국이라 불림
16. 한강을 차지하고 백제, 가야 등을 정복하며 삼국 통일의 발판을 닦은 신라의 왕

세로

1. 활발한 정복 활동으로 고구려를 동북아시아에서 가장 강한 나라로 만든 왕
4. 고려 시대에 원의 세력에 기대어 권력을 휘두르던 지배층으로 □□ 세족이라 부름
5. 신라 시대에 경주에 세워진 유적지로, 다보탑과 석가탑이 있는 절
7. 고려 시대에 유학을 가르치던 최고의 국립 교육 기관으로, 최승로의 건의로 세움
8. 신라 시대에 나라를 이끌 인재를 키우기 위해 만든 청소년 단체로, 각종 교육과 군사 훈련을 통해 삼국 통일에 큰 공을 세움
9. 구지봉에 떨어진 6개의 황금 알 중 가장 먼저 태어난 김수로가 세운 나라
12. 고려를 세 차례 침략한 나라로 서희, 성종, 강감찬 등이 물리침
13. 단군왕검이 한반도에 세운 나라
14. 장보고가 완도에 세운 군사 시설

· 정답은 64쪽에 있습니다.

| 한국사를 이끈 리더 ❻ 조선의 건국과 발전 | 시대 조선 초기 | 키워드 이성계, 요동 정벌, 위화도 회군, 신진 사대부 |

태조

새 나라 조선을 세운 왕

혼란스러운 고려 말에 위화도 회군을 계기로 권력을 차지하고 새 나라 조선의 첫 번째 왕이 되었어요.

| 1335년 함경도에서 이자춘의 아들로 태어남 | 1356년 쌍성총관부를 되찾음 | 1388년 위화도 회군 | 1392년 조선 건국 | 1395년 천상열차분야지도 제작 | 1408년 세상을 떠남 |

위화도 회군과 조선 건국

고려 말, 이성계는 홍건적과 왜구의 침입을 물리치면서 능력 있는 장군으로 인정받았어요. 우왕과 최영은 믿음직스러운 이성계에게 빼앗긴 요동 지역을 되찾아 오라고 명했지요.
이성계는 군사를 이끌고 요동으로 출발했어요. 하지만 장마, 전염병 등의 이유로 위화도에서 발길을 돌릴 수밖에 없었지요.
그러고 나서 이성계는 개성으로 돌아와 우왕을 내쫓고, 신진 사대부들과 손을 잡아 정권을 차지했어요. 그 후 새 나라 조선을 세우고 왕위에 올랐답니다.

신진 사대부

유학의 한 갈래인 성리학을 공부하고, 과거 시험에 합격해 관리가 된 사람들이에요. 그들은 원나라에 기대어 횡포를 일삼던 권문세족을 비판하고, 고려의 개혁을 위해 힘썼지요.

> 나 정도전이 태조 이성계를 도운 대표적인 신진 사대부란다.

천상열차분야지도

하늘의 모습을 구역별로 나눠 순서대로 배열해 그린 그림이란 뜻으로, 쉽게 말해 별자리 지도예요. 이 지도 밑에는 태조를 찬양하는 내용과 조선 건국의 정당성을 알리는 글도 담겨 있어요.

한국사를 이끈 리더 ❻ 조선의 건국과 발전 | 시대 조선 초기 | 키워드 신진 사대부, 성리학, 조선, 이성계

정도전
새 왕조를 설계한 명재상

고려 말 신진 사대부 출신의 정치가로, 이성계를 도와 새 나라 조선을 세우고 왕조의 기틀을 닦았어요. 그는 개혁을 통해 성리학이 중심이 되는 사회를 만들기 위해 노력했어요.

- **1342년** 고려 문신 정운경의 아들로 태어남
- **1362년** 과거에 급제함
- **1383년** 이성계와 개혁 논의
- **1392년** 조선 건국
- **1394년** 한양 도시 설계
- **1398년** 왕자의 난 때 죽임을 당함

이성계와 함께 이룬 개혁

고려 말, 성리학자 이색의 밑에서 학문을 닦은 정도전은 과거에 급제하여 벼슬길에 올랐어요. 하지만 당시 권력을 꽉 잡고 있던 권문세족 때문에 여러 번 귀양을 떠났지요. 그들은 바른말만 하는 정도전이 미웠던 거예요.
정도전은 잘못된 고려 말의 사회를 바로잡기 위해 개혁을 꿈꿨어요. 그리고 이성계를 만나 그 꿈을 이루었답니다.

계획도시 한양

조선의 수도 한양에는 도읍 건설의 총책임자 정도전의 손길이 곳곳에 깃들어 있어요. 특히 주요 건물의 위치, 궁궐과 사대문의 이름 등도 그가 지었지요. 사대문 이름에는 유교에서 중요시하는 '인의예지'가 담겨 있어요.

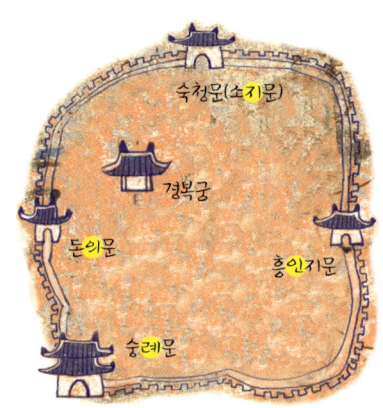

썩은 고려를 무너뜨리고, 새로운 나라 조선을 세울 때가 왔습니다!

《조선경국전》

정도전이 지은 조선의 첫 법전이에요. 중국의 법을 참고하여 조선의 현실에 맞는 규범을 담았지요. 훗날 성종 때 완성되는 조선의 기본 법전인 《경국대전》의 바탕이 되었어요.

한국사를 이끈 리더 ❻ 조선의 건국과 발전 | 시대 조선 초기 | 키워드 훈민정음, 집현전, 장영실, 《농사직설》

세종

한글을 만든 어진 왕

조선의 제4대 왕으로, 훈민정음을 만들고 과학 기술 발전에 힘쓰는 등 다양한 분야에서 많은 업적을 남겼어요. 이는 백성을 사랑하고 아끼는 마음에서 비롯된 업적이지요.

1397년	1418년	1420년	1429년	1443년	1450년
태종의 셋째 아들로 태어남	왕위에 오름	집현전 설치	《농사직설》 편찬	훈민정음 만듦	세상을 떠남

백성을 사랑한 왕

세종의 업적은 대부분 백성의 편안한 삶을 위해 이룬 것들이지요. 중국 글자인 어려운 한자 대신 쉬운 훈민정음을 만들고, 곡물 수확량을 늘리기 위해 우리 땅에 맞는 농사법을 담은 《농사직설》을 편찬했으며, 실생활에 도움이 되는 과학 기구를 만드는 등 백성을 위한 정치를 펼쳤지요.

백성이 쉽게 읽고 쓸 수 있는 글을 만들고 싶었단다!

집현전

고려 시대 때 세워진 기관으로, 다양한 분야의 학자를 모아 학문을 연구하던 곳이에요. 하지만 제대로 된 역할을 한 건 세종 때부터였지요. 세종은 집현전 학자들에게 최고의 대우를 해 주며, 학문에만 집중할 수 있도록 격려했어요.

한국사를 이끈 리더 ❻ 조선의 건국과 발전 | 시대 조선 초기 | 키워드 자격루, 앙부일구, 측우기, 혼천의

장영실

조선 최고의 과학자

조선의 과학 기술을 크게 발전시킨 과학자예요. 어릴 때부터 손재주가 좋았던 그는 궁중 기술자가 되어 자격루, 앙부일구, 측우기 등 다양한 과학 기구를 발명했답니다.

| 천민으로 태어남 | 태종 때 궁중 기술자가 됨 | 1433년 혼천의를 만듦 | 1434년 자격루, 앙부일구 등을 만듦 | 1441년 측우기를 만듦 | 1442년 관직에서 물러남 |

실생활에 꼭 필요한 발명품

세종은 가뭄과 홍수로 인해 백성들이 어려움을 겪자, 장영실을 명나라로 보내 천문학을 배워 오게 했어요.

명나라에서 공부를 마치고 돌아온 장영실은 별의 움직임을 관찰하는 혼천의와 간의, 해시계 앙부일구, 자동 물시계 자격루, 비의 양을 재는 측우기, 하천의 물 높이를 재는 수표 등을 만들었어요.

백성들은 장영실의 발명품을 활용하여 가뭄과 홍수 등에 대비하고 피해를 줄일 수 있었지요.

부서진 가마

장영실이 감독한 세종의 가마가 부서지는 일이 있었어요. 그 일로 장영실은 곤장 80대를 맞고 관직에서 쫓겨났지요.

그 후 장영실의 기록은 어디에도 남지 않았어요. 그래서 그가 어떻게 죽었는지에 대해서는 알려진 것이 없답니다.

혼천의는 만 원짜리 지폐 뒷면에 그려져 있단다. 확인해 보렴!

한국사를 이끈 리더 ❻ 조선의 건국과 발전 | 시대 조선 초기 | 키워드 수양 대군, 단종, 계유정난, 사육신

세조

왕권을 강화한 왕

어린 조카 단종을 내쫓고 왕위에 오른 조선의 제7대 왕이에요. 무력으로 왕위를 빼앗았기 때문에 많은 비난을 받았지만, 이를 극복하고 왕으로 인정받기 위해 노력했어요.

1417년	1452년	1453년	1455년	1457년	1468년
세종의 둘째 아들로 태어남	형의 아들인 단종이 왕위에 오름	계유정난을 일으킴	단종이 세조에게 왕위를 넘김	단종에게 사약을 내림	세상을 떠남

계유정난과 수양 대군

수양 대군이 정권을 차지하기 위해 일으킨 사건이에요. 그는 자신을 따르지 않는 수십 명의 대신들을 죽였지요. 죽은 사람의 대부분은 단종을 믿고 따르던 신하들이었어요.

계유정난 이후 불안에 떨던 단종은 결국 숙부 수양 대군, 즉 세조에게 왕위를 넘겼어요. 하지만 세조는 단종 복위 운동 등 자신을 위협하는 일들이 생기자 결국 단종에게 사약을 내렸답니다.

> 조카를 없애야 뒤탈이 없을 텐데…….

> 왕위를 넘겨 드릴 테니 목숨만은 살려 주세요!

> 우린 억울하게 쫓겨난 임금님(단종)의 자리를 되찾아 드리려 했을 뿐이다!

사육신과 단종 복위 운동

세조가 정권을 잡자, 단종을 따르던 대신 중 살아남은 신하들이 똘똘 뭉쳐 은밀한 계획을 짰어요. 바로 단종을 다시 왕위에 올리기 위한 작전이었지요. 하지만 이 계획은 배신자가 생기는 바람에 실패로 돌아갔어요.

세조는 이 계획을 준비한 6명의 충신들을 죽였어요. 훗날 이 6명의 충심에 감동한 사람들은 이들을 가리켜 사육신이라 부르게 되었답니다.

한국사를 이끈 리더 ❻ 조선의 건국과 발전 | 시대 조선 초기 | 키워드 사림, 삼사, 《경국대전》

성종

정치 제도의 기틀을 마련한 왕

조선의 제9대 왕으로, 세조가 다져 놓은 튼튼한 왕권 위에서 나라를 다스렸어요. 《경국대전》을 완성했으며, 사림파와 손잡고 나라의 기틀을 바로 세우기 위해 힘썼지요.

1457년	1469년	사림파를 삼사에	1485년	1494년
태어남	어린 나이에 왕위에 오름	등용함	《경국대전》을 완성함	병으로 세상을 떠남

사림과 삼사

성종이 어린 나이에 왕위에 올랐을 당시에는 훈구파가 권력을 잡고 있었어요. 훈구파는 세조 때부터 오랫동안 높은 관직을 독차지하고 많은 재산을 쌓은 무리였지요.

20살이 된 성종은 자신에게 힘을 실어 주고, 훈구파를 견제할 새로운 세력이 필요했어요. 그래서 지방에서 성리학을 연구하던 선비들, 즉 사림들을 불러들였지요.

성종은 나랏일을 감시하고 비판하는 기관인 삼사에 젊은 사림파들을 등용했어요. 그리고 그들과 함께 나라를 이끌었답니다.

《경국대전》

나라를 다스리는 기준이 된 법전이에요. 세조 때 만들기 시작하여 성종 때 완성했지요.

총 319개의 법조문으로 구성되어 있으며, 조선의 정치, 경제, 사회, 문화의 기본 규범이 담겨 있어요. 나라의 살림살이부터 백성의 생활 예절, 형벌과 재판 등에 대한 세세한 내용도 들어 있지요.

《경국대전》을 통해 조선 사회의 모습을 살펴볼 수 있어요!

전하! 요즘 낭비가 심하신 듯하옵니다. 백성을 먼저 생각하시옵소서!

나의 잘못도 지적해 주는 현명한 신하로다!

삼사

- 남자는 15세, 여자는 14세부터 결혼할 수 있다.
- 곤장은 한 번에 30대 이상 때리지 못한다.
- 노비가 아이를 낳으면 80일의 휴가를 준다.
- 부모가 죽으면 아들딸, 순서에 상관없이 재산을 똑같이 나눈다.

– 《경국대전》 중에서 –

한국사를 이끈 리더 ❼ 임진왜란과 조선의 변화 | 시대 조선 중기 | 키워드 사림파, 소격서, 위훈 삭제, 중종, 사화

조광조

조선의 젊은 개혁가

조선 중기의 유학자이자 젊은 개혁가예요. 그는 유교 정치를 뿌리내리고 백성의 삶을 안정시킬 여러 정책을 내놓았지만, 나중에 기묘사화가 일어나 유배지에서 세상을 떠났지요.

1482년 개국 공신의 집안에서 태어남

1498년 유배 중이던 김굉필을 만나 학문을 배움

1510년 과거에 장원으로 합격

1518년 소격서 폐지, 현량과 제안

1519년 기묘사화로 세상을 떠남

소격서 폐지와 위훈 삭제

소격서는 하늘과 별에 제사를 지내던 곳인데, 유교를 공부한 조광조는 이곳을 폐지하자고 주장했어요. 소격서는 폐지되었지만 이로 인해 조광조는 당시 권력을 잡고 있던 훈구파로부터 미움을 받아요. 또한 조광조는 공을 세우지 않았는데도 공신인 척하는 이들의 혜택을 빼앗자고 밀어붙였어요. 이를 위훈 삭제라고 해요.
훈구파는 이러한 조광조가 미웠어요. 가짜 공신들 중에서는 오랫동안 나랏일을 해 온 훈구파의 대신들도 있었거든요.
결국 중종은 조광조의 뜻을 따랐지만, 이 일로 중종과도 멀어졌어요.

조광조, 감히 우리에게 도전하다니!

4대 사화

이번이 세 번째 사화인가…….

사림파가 정치적으로 반대파인 사람들에게 큰 화를 입은 사건이에요. 무오사화(1498년), 갑자사화(1504년), 기묘사화(1519년), 을사사화(1545년)가 바로 4대 사화지요. 이때 수많은 선비들이 귀양을 가고 죽임을 당했어요. 조광조는 기묘사화로 세상을 떠났지요.

| 한국사를 이끈 리더 ❼ 임진왜란과 조선의 변화 | 시대 조선 중기 | 키워드 신사임당, 〈시무 6조〉, 십만 양병설 |

이이

조선의 위대한 성리학자

조선 시대 장원을 9번이나 한 위인이에요. 그는 성리학을 바탕으로 현실을 바꾸려고 노력한 학자이자 정치가랍니다.

1536년	1558년	1575년	1577년	1583년	1584년
태어남	장원 급제함	《성학집요》 씀	《격몽요결》 펴냄	십만 양병설을 주장	세상을 떠남

이이의 어머니는 신사임당!

율곡 이이의 어머니는 신사임당(1504~1551년)이에요. 신사임당은 효심이 깊어 부모님을 잘 모셨고, 자녀 교육에도 뛰어났어요. 또한 훌륭한 예술 작품을 남겨, 후대에 조선 시대 여성 예술가로서 당당히 이름을 남겼답니다.

이황과 이이

조선의 대표적인 선비로 이황과 이이를 꼽지요. 이이는 이황보다 35살이나 어리지만, 둘은 학문에 대한 이야기를 종종 나누며 왕래했어요. 두 사람 덕분에 조선의 성리학이 한층 더 발전하고, 나라에 뿌리내릴 수 있었답니다.

십만 양병설을 주장한 이이

이이는 1583년에 선조에게 〈시무 6조〉를 올렸어요. 여기엔 나라를 발전시키기 위해 국방을 튼튼히 해야 하고 백성들을 가르쳐야 한다는 내용이 담겨 있었지요.
특히 그는 곧 왜군이 쳐들어올 것이라고 예상하며 십만의 군사를 기르자고 주장했지만, 받아들여지지 않았어요.
결국 1592년에 왜군이 쳐들어왔지요.

내 말대로 십만 군사를 준비했다면, 임진왜란을 잘 막을 수 있었을 텐데······.

| 한국사를 이끈 리더 ❼ 임진왜란과 조선의 변화 | 시대 조선 중기 | 키워드 임진왜란, 거북선, 명량 대첩, 백의종군 |

이순신

거북선을 만든 명 장군

1592년 임진왜란이 있었을 때 크게 활약했던 장군이에요. 거북선을 만들어 왜군을 무찔렀던 이순신은 절대 바다 위에서 지는 법이 없었답니다.

1545년	1576년	1592년	1597년	1598년
태어남	관직에 오름	임진왜란이 일어남	명량 대첩에서 승리	노량 해전에서 전사

바다에서 백전백승하다

이순신은 백 번 싸우면 백 번 이기는 장군이었어요. 1592년 옥포 해전을 시작으로 같은 해 한산도 대첩, 1597년 명량 대첩, 1598년 노량 해전에서 모두 크게 승리했지요. 왜군은 이순신의 전술을 당해 낼 수 없었어요. 이순신의 거북선은 바다를 누비며 왜군을 격파했답니다.

승리를 이끈 거북선

이순신은 거북이 모양의 배판에 송곳, 쇠못을 꽂아서 적군이 배에 기어오르거나 뛰어오를 수 없게 했어요. 또한 뱃머리에 용머리와 도깨비 머리를 달아 놓아 적들로 하여금 공포심을 불러일으켰지요.

백의종군한 이순신

1597년에 조정은 이순신이 명령에 따르지 않는다며 그를 옥에 가두고 고문했지요. 하지만 왜군이 쳐들어오자 이순신에게 관직 없이 전투에 나가라고 명령했어요. 벼슬 없이 군대에 나가는 것을 '백의종군'이라 해요.

▲ 임진왜란의 전개 과정

살고자 하는 자는 죽고, 죽고자 하는 자는 살 것이다!

한국사를 이끈 리더 ❼ 임진왜란과 조선의 변화 | 시대 조선 중기 | 키워드 의병, 홍의 장군, 임진왜란

곽재우

동에 번쩍 서에 번쩍, 홍의 장군

바다에 이순신이라면 육지에는 곽재우지요. 곽재우는 임진왜란 때 의병을 이끌었어요. 그는 동에 번쩍 서에 번쩍 하며 일본군의 정신을 쏙 빼놓았지요.

1552년	1585년	1592년	1595년	1617년
태어남	과거에 급제했으나 합격이 취소됨	의병장으로 활약	벼슬자리를 내려놓음	청렴하게 살다 세상을 떠남

곽재우는 어떻게 이겼을까?

의병은 나라를 지키기 위해 스스로 일어난 사람들이에요. 의병은 대체로 숫자도 적고 무기도 좋지 않았지요. 그래서 이들은 다양한 전략을 활용했어요. 일본군에 정면으로 맞서기보다는 몰래 숨어 있거나 위장해서 적을 기습했지요. 곽재우도 이런 방식으로 왜군에 맞서 이길 수 있었답니다.

> 난 붉은 옷을 입고 위세를 떨쳐 '홍의 장군'이라 불렸다네. 나중에 일본군은 붉은색 옷만 봐도 기겁을 할 정도였지.

임진왜란 이후 조선은 어땠을까?

- 전쟁으로 인해 조선의 토지가 황폐해졌어요.
- 임진왜란으로 목숨을 잃은 사람이 300만 명에 이르러요.
- 전쟁 중에 경복궁, 불국사 같은 중요한 문화재들이 불타거나 부서졌어요.
- 신분 제도가 흔들리고 나라가 혼란스러워졌어요.

한국사를 이끈 리더 ❼ 임진왜란과 조선의 변화 | 시대 조선 중기 | 키워드 중립 외교, 명, 후금, 인조반정

광해군

중립 외교를 펼친 왕

광해군은 명과 후금 사이에서 중립 외교를 펼쳤어요. 또한 전쟁 때문에 피폐해진 백성의 삶을 안정시켰지요. 하지만 결국 1623년 인조반정이 일어나 자리에서 쫓겨나고 말아요.

1575년 선조의 둘째 아들로 태어남
1592년 세자로 책봉됨
1608년 왕위에 오름
1618년 중립 외교를 실천
1641년 유배지에서 죽음

광해군의 중립 외교

원래 조선은 명에게 조공을 바치고 있었어요. 그런데 만주의 후금이 무섭게 성장했지요. 광해군은 명나라와 후금 사이에서 어느 한쪽에 치우치지 않는 탁월한 외교 정책을 펼쳤어요.

나는 세력이 커지는 후금을 무시할 수 없었기에 중립 외교를 펼친 거야.

광해군은 폭군일까?

《인조실록》에는 광해군이 폭군이라고 적혀 있어요. 광해군은 어린 영창 대군을 죽이고, 그의 어머니 인목 대비를 쫓아냈거든요.
하지만 나라를 안정시키고 중립 외교를 펼친 광해군의 업적을 높이 사는 사람들도 많아요.

정묘호란과 병자호란

내가 왕위를 지켰더라면 후금과의 전쟁을 막을 수 있었을 텐데…….

1623년 인조반정으로 광해군은 왕위에서 쫓겨나고 말아요. 그때부터 조선은 후금과 등을 돌리게 되었지요. 후금은 이를 핑계 삼아 1627년 정묘년에 조선을 쳐들어왔어요. 이것이 '정묘호란'이에요. 나날이 강력해진 후금은 이름을 청으로 바꾸고 1636년에 조선을 또다시 공격했어요. 이것이 '병자호란'이랍니다. 결국 인조는 청 황제의 앞에 무릎을 꿇고 항복했어요.

한국사를 이끈 리더 ❼ 임진왜란과 조선의 변화 시대 조선 중기 키워드 《홍길동전》, 〈유재론〉, 허난설헌

허균

《홍길동전》을 쓴 혁명가

'첩의 자식'을 차별하는 사회를 비판한 소설인 《홍길동전》을 쓴 작가예요. 그는 사회 비판이 담긴 소설과 학문으로 더 나은 세상을 꿈꾸었지만, 결국 역적으로 몰려 죽임을 당했답니다.

1569년	1592년	1594년	《홍길동전》을 씀	1618년
태어남	임진왜란이 일어나 아내와 아들을 잃음	과거 급제		광해군 때 반역자로 몰려 사형당함

허균이 꿈꾸던 세상

허균은 《홍길동전》을 통해 서얼이라는 이유로 차별받는 사회, 자신들의 욕심만 탐하는 관리의 모습을 꼬집었어요. 또한 〈유재론〉을 통해 서얼 차별을 당연하게 여기는 사회를 비판했지요.

> 나는 차별 없는 세상을 꿈꾸었고, 이를 글로 남겼어.

허균은 정말 역모를 일으키려고 했을까?

허균은 정말로 역모를 꾸몄던 걸까요? 이는 정확히 알 수 없어요. 단지 허균이 쓴 글을 통해 그의 자유분방한 사고와 개혁 정신을 추측해 볼 따름이지요.

허균의 누나 허난설헌

조선 중기의 대표적인 여성 시인인 허난설헌이 허균의 누나랍니다. 허난설헌은 8살의 어린 나이에 〈광한전백옥루상량문〉이라는 시를 지어서 신동이라 불렸어요. 하지만 27살의 젊은 나이에 세상을 떠나고 말았지요. 허균은 누나의 시를 모아 《난설헌집》을 펴냈습니다.

> 형 허봉과 누이 허난설헌이 연이어 세상을 떠나서 너무 슬펐단다.

한국사를 이끈 리더 ❽ 다시 일어서는 조선 | 시대 조선 후기 | 키워드 병자호란, 청나라, 소현 세자, 북벌

효종

북벌을 꿈꾼 왕

병자호란 때 청나라로 끌려갔던 인조의 둘째 아들 봉림 대군, 그가 바로 효종이에요. 그는 조선으로 돌아와 조총 부대를 키우고 군사력을 발전시키며 북벌을 꿈꾸었답니다.

1619년	1636년	1637년	1649년	1654년	1659년
태어남	병자호란이 일어남	소현 세자와 함께 청나라로 끌려감	왕위에 오름	나선 정벌을 위해 조총 부대를 보냄	세상을 떠남

청나라로 끌려간 왕자들

병자호란 때 조선은 청나라에 항복을 하고 말았어요. 청나라는 소현 세자와 봉림 대군, 그리고 수많은 백성들을 볼모로 데려갔지요.
소현 세자는 청나라에서 서양 문물에 눈뜨고, 조선의 발전을 꿈꾸었어요. 함께 끌려온 조선 백성들을 보호하기도 했지요.
봉림 대군은 청나라의 상황을 꾸준히 살피며 도움이 될 만한 정보를 몰래 조선으로 전하고 북벌의 꿈을 키웠답니다.

아바마마께서 청나라 황제에게 이런 굴욕을 당하다니! 언젠가 이 치욕을 꼭 갚으리라!

효종의 북벌 준비와 조총 부대

소현 세자가 갑작스럽게 세상을 떠나자, 봉림 대군은 청나라에서 돌아와 세자가 되었어요. 몇 년 뒤에는 인조의 죽음으로 왕위에 올랐지요.
효종은 청나라를 치기 위해 군대를 체계적으로 다듬고 조총 부대를 만들어 훈련시켰어요. 그러나 청나라가 나선(러시아)과의 전투를 위해 조선에 지원군을 요청하는 바람에, 오히려 청나라를 도와주고 말았지요.
비록 효종은 북벌을 이룰 순 없었지만, 나선 정벌을 통해 조총 부대의 우수성을 입증했고, 국방력을 강화하는 데 큰 도움이 되었답니다.

나 박연은 조선으로 귀화한 네덜란드 인이란다. 하멜과 함께 조선의 화포와 조총 개발에 도움을 주었지.

한국사를 이끈 리더 ❽ 다시 일어서는 조선 | 시대 조선 후기 | 키워드 탕평책, 노론, 소론, 사도 세자

영조

조선의 중흥기를 이끈 왕

영조는 당파 싸움으로 나라가 혼란했던 시기에 왕위에 올랐어요. 그는 이 문제를 해결하기 위해 탕평책을 실시하여 능력 있는 인재를 골고루 등용하고 조선의 중흥기를 활짝 열었지요.

1694년	1724년	1725년	1750년	1762년	1776년
숙종의 아들로 태어남	왕위에 오름	탕평책을 실시함	균역법을 실시함	아들 세자를 뒤주에 가둬 죽임	세상을 떠남

공평한 인재 등용을 위한 탕평책

영조가 왕이 된 시기는 노론과 소론의 갈등이 매우 심했을 때였어요. 노론은 영조를 지지하던 세력이었고, 소론은 앞선 왕인 경종을 지지하던 세력이었지요. 영조는 왕이 되자마자 이들의 갈등을 해결하려고 했어요. 그는 조정의 벼슬자리를 어느 한쪽에 치우치지 않고 공평하게 뽑는 탕평책을 통해 조정의 안정을 꾀했답니다.

과거의 일은 털어 내고, 함께 힘을 합쳐 나랏일에 힘쓰라!

뒤주에 갇혀 죽은 사도 세자

사도 세자는 영조의 아들이에요. 성격이 깐깐했던 영조는 세자의 일 처리가 마음에 들지 않아 그를 자주 꾸짖었어요. 영조에게 나랏일을 배우면서 크게 주눅이 든 사도 세자는 몸과 마음의 병이 깊어지고 성격이 나빠졌지요.

사도 세자를 싫어하던 몇몇 신하들은 세자가 잘못한 일을 영조에게 일러바쳤고, 심지어 반역을 계획했다는 죄까지 뒤집어씌웠어요.

화가 난 영조는 결국 아들을 뒤주에 가뒀고, 사도 세자는 8일 만에 굶어 죽었지요.

죄인 세자는 스스로 목숨을 끊어라!

한국사를 이끈 리더 ❽ 다시 일어서는 조선 | 시대 조선 후기 | 키워드 탕평책, 금난전권, 사도 세자, 수원 화성

정조

백성을 위해 개혁을 꿈꾼 왕

할아버지 영조가 물려준 강력한 왕권을 바탕으로, 다양한 분야의 발전을 이룬 왕이에요. 그는 나라를 위해 여러 제도를 개혁했어요. 또한 아버지를 위해 화성을 지을 정도로 효심이 컸답니다.

1752년	1762년	1776년	1791년	1796년	1800년
사도 세자의 아들로 태어남	사도 세자가 뒤주에 갇혀 죽음	왕위에 오름	금난전권을 없앰	수원 화성 완공	세상을 떠남

탕평책의 발전

정조는 당파의 옳고 그름을 떠나, 사람 자체만으로 평가하는 탕평책을 실시했어요. 덕분에 붕당에 관계없이, 신하가 능력만으로 벼슬을 할 수 있는 환경이 만들어졌지요.

자유로운 상업 활동

조선 후기에는 시전 상인들의 특권인 금난전권 때문에 일반 백성들이 물건을 자유롭게 사고팔지 못했어요. 게다가 시전 상인들은 그 권리를 나쁘게 이용하여 물건을 매우 비싸게 팔았고, 그 결과 물가가 올라 문제가 많았지요.
이에 정조는 금난전권을 폐지하여 백성들 간의 자유로운 상업을 허락했답니다.

수원 화성

정조는 당쟁에 휘말려 억울하게 죽은 아버지(사도 세자)의 묘를 수원으로 옮겼어요. 그리고 그곳에 수원 화성을 지었지요.
화성에는 왕이 머무는 공간인 화성 행궁, 적의 침입을 대비한 공격과 방어 시설 등이 있답니다.

금난전권이 없어지니, 경제가 살아나고 물가도 안정됐어요!

화성을 짓는 데 10년은 넘게 걸릴 줄 알았는데, 정약용 덕분에 3년이 채 되지 않아 끝났단다.

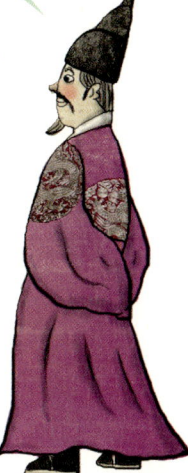

한국사를 이끈 리더 ❽ 다시 일어서는 조선 | 시대 조선 후기 | 키워드 실학, 규장각, 수원 화성, 《목민심서》

정약용
조선 최고의 실학자

조선 후기의 실학자예요. 어릴 때부터 글공부를 열심히 한 그는 과거에 급제하여 규장각에서 학문을 닦았어요. 정조에게 든든한 지원을 받으며 실생활에 필요한 다양한 기구도 만들었지요.

- **1762년** 태어남
- **1777년** 《성호사설》을 읽고 실학에 관심을 둠
- **1789년** 규장각에 들어가 배다리를 설계함
- **1792년** 수원 화성 설계, 거중기 발명
- **1801년** 신유박해가 일어나 유배를 떠남
- **1836년** 세상을 떠남

실학

실학은 사람이 실제로 생활하는 데 꼭 필요한 것을 연구하는 학문이에요.
정약용은 외갓집에 갔다가 《성호사설》이라는 책을 읽게 되었어요. 그 책에는 실생활에 도움이 되는 연구 내용이 가득 담겨 있었지요. 그 후로 그는 다양한 분야의 지식을 두루 배우며 실학에 대해 연구했답니다.

정약용의 발명품

배다리 여러 척의 작은 배를 한 줄로 띄워 놓고, 그 위에 넓은 판자를 깔아 강을 건널 수 있게 만든 다리예요. 배다리 덕분에 정조가 안전하게 한강을 건너 아버지의 묘로 갈 수 있었답니다.

거중기 도르래 원리를 이용해 무거운 물건을 들어 올리는 데 쓰던 기계예요. 이 기계 덕분에 수원 화성을 빠르게 지을 수 있었지요.

거중기를 이용해 무거운 돌을 쉽게 옮길 수 있으니 참 다행이야!

《목민심서》와 《흠흠신서》

《목민심서》 백성을 다스리는 관리들이 가져야 할 마음가짐에 대한 이야기를 담은 책이에요. 벼슬을 시작할 때부터 마칠 때까지, 리더로서 지켜야 할 것들이 기록되어 있어요.

《흠흠신서》 암행어사 시절의 경험을 바탕으로, 공정한 형벌에 대해 연구한 책이에요.

한국사를 이끈 리더 ❽ 다시 일어서는 조선 | 시대 조선 후기 | 키워드 삼정 문란, 홍경래의 난, 세도 정치

홍경래

조선 후기의 혁명가

조선 후기에 농민 봉기를 일으킨 혁명가예요. 지역 및 신분 차별, 세금 문제 등으로 백성의 삶이 매우 힘들어지자 농민군을 이끌고 반란을 일으켰지요.

1771년	1798년	19세기 초	1811년	1812년
태어남	과거 시험에서 떨어짐	삼정이 문란해져 사회 문제가 심해짐	홍경래의 난을 일으킴	관군의 총에 맞아 죽음

세도 정치와 삼정 문란

정조가 갑작스럽게 세상을 떠난 뒤, 어린 순조가 왕위에 올랐어요. 그러자 왕실의 어른들은 어린 순조를 대신하여 나랏일을 쥐락펴락하는 세도 정치를 펼쳤지요.

세도가들의 부정부패가 심해지자 지방에서도 탐관오리가 들끓었어요. 특히 관리들이 삼정(땅, 군대, 쌀에 대한 세금 제도)을 심하게 거두자, 참다못한 농민들이 봉기를 일으켰답니다.

> 벼슬아치들이 백성들의 재산을 마구 빼앗아 가는구나! 이렇게 당하고 있을 수만은 없다!

> 우리의 힘으로 썩은 조선을 뒤엎고, 새로운 세상을 열어 봅시다!

홍경래의 난

조선 후기, 세도 정치와 삼정의 문란으로 백성들의 삶이 무너졌어요. 그러자 홍경래는 살기 좋은 세상, 차별 없는 나라를 만들기 위해 농민들을 모아 반란을 일으켰지요.

홍경래와 봉기군들은 평안도 곳곳의 관아를 점령하고, 그곳의 곡식을 풀어 사람들에게 나눠 주었어요. 그러나 얼마 뒤, 그들은 정주성으로 쳐들어온 관군에 의해 목숨을 잃었답니다.

한국사를 이끈 리더 ❽ 다시 일어서는 조선 | 시대 조선 말기 | 키워드 천주교, 모방 신부, 기해박해

김대건

우리나라 최초의 천주교 신부

조선 말기에 우리나라에 천주교를 널리 전하려다 순교한 신부예요. 그는 천주교 집안에서 태어나 자연스럽게 신앙을 접했고, 외국에서 신학을 공부하여 우리나라 최초의 신부가 되어 돌아왔지요.

1821년	1836년	1837년	1839년	1845년	1846년
천주교 집안에서 태어남	모방 신부에게 세례를 받음	마카오에서 신학교에 입학	기해박해로 아버지를 잃음	신부가 됨	금지된 종교를 믿는다는 이유로 처형당함

조선 천주교의 시작

조선 시대에 처음으로 천주교에 관심을 가진 이들은 실학자들이었어요. 당시 그들은 천주교를 종교가 아닌 서양에서 온 학문, 즉 서학으로 이해하고 공부했지요.

그 후 학문으로 여기던 천주교를 사람들은 점점 종교적 믿음의 대상으로 바라보게 되었답니다.

기해박해

우리나라 천주교 4대 박해(신해박해, 신유박해, 기해박해, 병인박해) 중 하나예요.

당시 헌종의 외가인 안동 김씨 가문이 권력을 쥐고 있었어요. 이에 풍양 조씨 가문은 안동 김씨 가문으로부터 권력을 빼앗기 위해, 안동 김씨가 천주교를 긍정적으로 받아들이고 있는 점을 트집 잡아 그들을 탄압했지요.

이 사건으로 한국 최초의 서양인 신부 모방, 김대건의 아버지 등 120여 명의 종교인들이 목숨을 잃었어요.

천주님, 우리를 안전하게 지켜 주시옵소서!

한국사를 이끈 리더 ❾ 개화의 움직임과 대한 제국 | 시대 조선 말기 | 키워드 이하응, 호포제, 경복궁 중건, 쇄국

흥선 대원군

왕을 대신해 나라를 다스린 인물

아들인 어린 고종을 대신해 10년이나 나랏일을 맡아본 정치가예요. 그는 나라가 처한 문제점을 해결하고자 노력했고, 밀려오는 서양 세력에 어떻게 대처해야 할지 고민했답니다.

1820년	1863년	1866년	1873년	1898년
태어남	대원군이 됨	병인박해를 일으킴	나랏일에서 물러남	세상을 떠남

흥선 대원군의 개혁 정치

- 왕의 친척이나 신하가 권력을 마구 휘두르는 '세도 정치'를 바꾸고자 노력했어요.
  - 서원 중 변질되어서 제 기능을 하지 못하는 곳을 없앴어요.
    - 임진왜란 때 불타 버린 경복궁을 다시 지었어요.
      - 농민에게만 있던 군역의 의무를 양반에게도 지우는 호포제를 실시했어요.

나라의 문을 열라!

조선 말기에 조선의 문을 열고자 하는 서양의 시도가 계속해서 이어졌어요. 1866년에는 프랑스가 함대를 이끌고 쳐들어와 '병인양요'가 일어났고, 1868년에는 독일 상인 오페르트가 흥선 대원군과 협상하겠다며 흥선 대원군의 아버지 남연군의 묘를 도굴했지요. 그런가 하면 1871년에는 미국이 강화도로 쳐들어왔어요(신미양요). 하지만 흥선 대원군은 나라의 문을 굳게 닫고 쇄국 정책을 펼쳤답니다.

감히 어딜 오려고? 난 절대 다른 나라와 교류할 생각이 없어!

한국사를 이끈 리더 ❾ 개화의 움직임과 대한 제국 | 시대 조선 말기 | 키워드 개화사상, 우정국 개국, 갑신정변

김옥균

갑신정변을 일으킨 정치가

조선 말기의 정치가로, 조선이 발전하려면 나라의 문을 열고 다른 나라의 제도와 문화 등을 받아들여야 한다고 생각했어요. 그는 개혁을 위해 1884년 갑신정변을 일으켰지만 실패했답니다.

1851년	1872년	1882년	1884년	1894년
가난한 양반 집안에서 태어남	과거에 장원 급제함	일본을 돌아봄	갑신정변에 실패함	자객에게 살해당함

갑신정변

김옥균은 개화를 꿈꿨지만 청나라의 간섭 때문에 그럴 수 없었어요.

그러던 어느 날, 청나라가 프랑스와 전쟁을 치르느라 조선에 두었던 군대를 데려갔어요. 김옥균은 이 틈을 타 일본에 도움을 요청해, 1884년 12월 4일에 갑신정변을 일으켰지요. 12월 6일에는 14개조 정강을 발표했답니다.

하지만 청나라 군사가 다시 궁을 포위하는 바람에 갑신정변은 3일 만에 막을 내리고 말았어요.

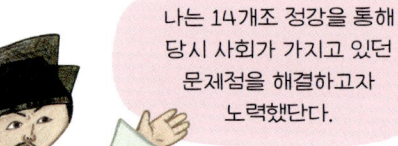

나는 14개조 정강을 통해 당시 사회가 가지고 있던 문제점을 해결하고자 노력했단다.

14개조 정강

김옥균은 갑신정변을 일으킨 뒤 '14개조 정강'이라는 개혁안을 내놓았어요. 여기에는 청나라에 바치던 조공을 없애자는 조항, 모든 사람은 평등하다는 조항도 있어요. 또한 부정부패를 없애고 나라의 재정을 튼튼히 하자는 조항도 있었답니다.

갑신정변은 민중의 지지를 얻지 못하여 실패했어. 지식인 몇 명의 생각만으로는 세상을 바꿀 수 없는데 말이야.

| 한국사를 이끈 리더 ❾ 개화의 움직임과 대한 제국 | 시대 조선 말기 | 키워드 개화사상, 보빙사, 《서유견문》 |

유길준

조선 최초의 미국 유학생

조선의 개화 운동가로, 조선이 다른 나라로부터 배워야 한다고 생각하고 일본과 미국으로 유학을 떠났어요. 또한 유럽을 비롯한 세계 곳곳을 돌아본 뒤, 그 경험을 《서유견문》이라는 여행기로 써냈답니다.

| 1856년 | 1881년 | 1883년 | 1895년 | 1914년 |
| 태어남 | 일본에서 유학함 | 미국에서 유학함 | 《서유견문》 펴냄 | 세상을 떠남 |

유길준의 세계 여행

유길준은 조선 사람 최초로 세계를 여행한 사람이에요. 그는 일본, 미국은 물론 영국, 프랑스, 독일과 같은 유럽 여러 나라들을 돌아다니며 직접 보고 느낀 것들을 여행기로 남겼지요.

> 나는 1884년 갑신정변이 일어나 조선으로 돌아오게 되었어. 조정에서 김옥균과 개화파인 내가 관련이 있을 거라 생각했거든. 나는 절대 아니라고 억울해했지만 결국 6년간 감금당했고, 그 기간 동안 여행기를 썼지.

세계를 소개한 여행기 《서유견문》

유길준은 다른 나라를 여행한 경험을 1895년에 《서유견문》이라는 여행기로 펴냈어요. 사실 이 책은 여행기라기보다 유길준이 서양의 문물과 제도, 사상을 연구하여 쓴 글에 더 가까워요. 유길준 덕분에 조선 사람들이 세계에 한층 더 관심을 갖게 되었답니다.

> 나는 더 많은 사람들이 《서유견문》을 읽을 수 있도록 한글과 한문을 섞어 글을 썼어.

한국사를 이끈 리더 ❾ 개화의 움직임과 대한 제국 | 시대 조선 말기 | 키워드 녹두 장군, 동학 농민 운동, 폐정 개혁안

전봉준

농민군을 이끈 녹두 장군

수많은 농민을 이끌며 부패한 사회를 개혁하고자 힘쓴 농민 운동의 지도자예요. 1894년에 동학 농민 운동을 일으켜 외세로부터 나라를 지키려고 노력했지요.

1855년	1890년	1894년	1895년
태어남	동학교도가 됨	동학 농민 운동 일으킴	동학 농민 운동을 일으켰다는 이유로 사형당함

농민 봉기를 일으킨 이유

전봉준은 1894년 2월, 전라북도 고부 군수인 조병갑의 횡포에 대항해 민란을 일으켰어요. 그가 이끈 동학 농민군은 전주성까지 점령했지만 몇 달 뒤 정부와 싸움을 멈추자는 화약을 맺었어요.

하지만 같은 해 10월, 동학 농민군은 청일 전쟁이 끝난 뒤 기세등등한 일본을 물리치기 위해 제2차 농민 봉기를 일으켰지요.

동학 농민군은 우금치 전투에서 최선을 다했지만 패배하고 말았어. 하지만 일본에 대항하는 우리의 정신은 뒷날 항일 의병 운동으로 이어졌다네.

폐정 개혁안

동학 농민군은 정부와 전주 화약을 맺을 때 '폐정 개혁안'을 제시했어요. 여기에는 탐관오리를 처벌하고, 노비 문서를 불태우고, 잡다한 세금을 없앨 것을 요구하는 조항들이 있었지요.

우리는 호남 지방의 군현에 집강소라는 자치 기구를 설치하여, 개혁안이 잘 지켜지고 있는지 감시했지.

한국사를 이끈 리더 ❾ 개화의 움직임과 대한 제국 | 시대 조선 말기 | 키워드 을사조약, 유생, 의병, 유배

최익현

의병을 일으킨 유학자

일흔이 넘은 나이에 의병을 일으킨 유학자예요. 그가 이끈 의병 활동은 큰 성과를 내지는 못했지만, 많은 이들에게 일본에 저항하려는 의지를 심어 주었어요.

1833년	1855년	여러 상소를	1905년	1906년	1907
태어남	과거에 급제함	올림	을사조약에 반대함	의병 일으킴	유배지 일본에서 세상을 떠남

대쪽 같은 최익현

최익현은 나라에 큰일이 있을 때마다 자신의 생각을 떳떳하게 밝히는 신하였어요.
1868년에는 경복궁 중건을 비판하는 상소를, 1876년에는 강화도 조약에 반대하는 상소를 올렸지요.

> 나는 상소를 올려서 관직을 빼앗기거나 귀양을 가게 되어도 절대 물러서지 않았다네.

조선의 마지막 선비

최익현은 무슨 일이 있어도 일본과 타협하지 않았어요. 그는 의병 활동을 했다는 이유로 일본 쓰시마 섬에 유배를 가게 되었는데, 그날부터 일본의 쌀과 물은 절대 입에 대지 않을 정도였지요.
결국 1907년 1월, 뼈만 앙상하게 남은 최익현은 세상을 떠났어요. 그는 죽어서야 조국으로 돌아올 수 있었답니다.

최익현이 의병을 일으킨 이유

1905년 대한 제국과 일본이 을사조약을 맺었어요. 이 조약을 통해 일본은 대한 제국의 외교권을 강제로 빼앗았지요. 이를 두고 볼 수 없었던 최익현은 유생을 모아 의병을 일으켰답니다.

> 나 말고도 많은 이들이 을사조약에 반대했어. 황성 신문사 사장 장지연은 글을 썼고, 군부대신 민영환은 스스로 목숨을 끊었지.

한국사를 이끈 리더 ❾ 개화의 움직임과 대한 제국 | 시대 대한 제국 | 키워드 을미사변, 명성 황후, 아관 파천, 대한 제국

고종
대한 제국의 황제

조선 제26대 왕이자 대한 제국의 황제예요. 그는 급변하는 세상 속에서, 또 일본과 청나라와 서양 세력들이 조선을 차지하려고 호시탐탐 노리던 세상 속에서 나라를 지키고자 노력했습니다.

1852년	1863년	1895년	1897년	1907년	1919년
태어남	왕위에 오름	을미사변	대한 제국 세움	폐위됨	세상을 떠남

명성 황후와 을미사변

고종의 아내 명성 황후는 나랏일에 관심이 많고 세상의 흐름을 읽을 줄 알았어요. 그녀는 청일 전쟁 이후 일본을 멀리하고 러시아와 가깝게 지냈는데, 이를 못마땅하게 여긴 일본은 1895년에 명성 황후를 살해했지요. 고종과 백성들은 큰 슬픔에 잠겼답니다.

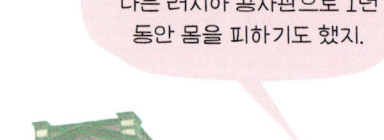

을미사변으로 위협을 느낀 나는 러시아 공사관으로 1년 동안 몸을 피하기도 했지.

황제가 아닌 왕은 환구단에서 제사를 지낼 수 없었단다. 나는 대한 제국을 세우고 환구단에 제사를 지내면서 대한 제국이 황제의 나라임을 분명히 했어.

변화한 대한 제국

러시아 공사관에서 궁으로 돌아온 고종은 1897년, 대한 제국을 선포하고 환구단에서 황제 즉위식을 치렀어요. 그는 광무 개혁을 실시해 한층 더 발전된 국가를 만들기 위해 노력했어요. 이때 근대식 은행이 세워지고, 한성 시내에 가로등이 설치되고, 서대문과 청량리를 오가는 전차가 생겨났답니다.

한국사를 이끈 리더 ⑩ 일제의 침략과 독립운동 | 시대 대한 제국 | 키워드 봉오동 전투, 청산리 대첩, 대한 독립군

홍범도

봉오동 전투를 승리로 이끈 장군

일제 강점기에 일본을 무찌르기 위해 항일 무장 투쟁을 일으킨 의병장이에요. 그는 포수, 농민들과 함께 의병대를 조직하여 봉오동 전투와 청산리 대첩을 승리로 이끌었어요.

1868년	1882년	1897년	1907년	1920년	1943년
평양에서 태어남	군인이 됨	대한 제국 탄생	의병대를 만듦	봉오동 전투와 청산리 대첩에서 승리	러시아에서 세상을 떠남

포수들을 중심으로 모인 의병대

1895년 을미사변 이후, 일본은 조선을 호시탐탐 노렸어요. 그러던 1907년, 일본이 무기를 강하게 규제하는 법을 만들자, 포수들은 살길이 막막해졌지요.

홍범도는 그런 포수들을 모아 의병대를 만들었어요. 그들은 산에서 포수 생활을 했기 때문에 산의 지형을 이용한 작전을 펼쳤지요. 그리하여 일본군과의 싸움에서 여러 번 승리할 수 있었답니다.

봉오동 전투

일본의 압력으로부터 벗어나기 위한 백성들의 열망은 1919년 3월 1일, 3·1 운동으로 이어졌어요. 홍범도는 이 열기 속에서 대한 독립군이라는 의병 부대를 세우고 일본군과 싸웠지요.

홍범도는 봉오동 전투를 승리로 이끈 뒤, 김좌진 부대와 연합하여 청산리에서도 대승을 거두었어요. 그 후 그는 독립군의 영웅으로 널리 이름을 날렸답니다.

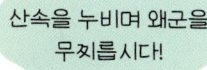

한국사를 이끈 리더 ⑩ 일제의 침략과 독립운동 | 시대 대한 제국 | 키워드 단지 동맹, 이토 히로부미, 하얼빈

안중근

하얼빈에서 독립을 외친 영웅

이토 히로부미를 처단하고 순국한 독립투사예요. 그는 교육 계몽 운동과 항일 무장 투쟁을 위해 애썼지요. 손가락을 자르면서까지 독립의 의지를 불태운 것으로 유명하답니다.

- **1879년** 황해도에서 태어남
- **1905년** 대한 제국이 일본과 을사조약을 맺음
- **1906년** 이토 히로부미가 조선의 초대 통감이 됨
- **1908년** 의병을 일으킴
- **1909년** 이토 히로부미를 죽임
- **1910년** 뤼순 감옥에서 사형당함

단지 동맹

1909년, 안중근은 동료들과 함께 독립운동에 대한 뜻을 단단하게 다지기 위해 약지 한 마디를 잘랐어요. 그리고 흐르는 피로 '대한 독립' 네 글자를 태극기에 새겼답니다.

안중근이 남긴 유묵

안중근은 뤼순 감옥에서 여러 장의 유묵을 남겼어요. 주로 나라를 위한 마음, 독서의 중요성 등을 담고 있지요.
오른쪽 글은 '하루라도 책을 읽지 않으면 입안에 가시가 돋친다'는 의미의 유묵이에요.

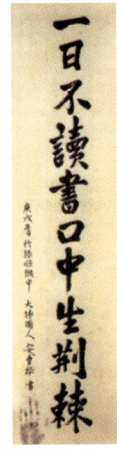

하얼빈에 울린 총성

이토 히로부미는 일본의 정치가로, 대한 제국을 식민지화하는 데 주도적인 역할을 한 사람이에요. 그는 대한 제국을 감시하는 기구인 통감부를 설치하고 초대 통감이 되어 대한 제국을 조종했지요.
안중근은 이에 분노했어요. 그래서 하얼빈에 오는 그를 기다렸다가 총으로 쏴 죽였지요. 이 일로 안중근이 뤼순 감옥에 갇혀 있다가 사형을 당하자, 대한 제국에는 더 큰 독립운동의 불씨가 번졌어요.

한국사를 이끈 리더 ⑩ 일제의 침략과 독립운동 | 시대 일제 강점기 | 키워드 색동회, 어린이날, 〈어린이〉, 《사랑의 선물》

방정환
어린이의 영원한 친구

어린이를 위해 평생을 바친 아동 문학가예요. 어린이날을 탄생시킨 그는 조국의 밝은 미래를 위해 어린이들을 소중하게 잘 길러야 한다고 생각했지요.

1899년	1919년	1920년	1921년	1923년	1931년
서울에서 태어남	〈조선독립신문〉을 펴냄	일본에서 아동 문학·심리학을 배움	동화집 《사랑의 선물》 펴냄	잡지 〈어린이〉 펴냄, 색동회·어린이날 만듦	병으로 세상을 떠남

색동회와 어린이날

색동회는 방정환이 만든 우리나라 최초의 어린이 문화 운동 단체예요. 이들은 '민족의 미래는 아이들에게 달렸다'는 믿음 속에서 어린이를 위한 문화 운동에 앞장섰어요.

색동회는 잡지 〈어린이〉를 만들고, 동화 대회나 어린이 예술 강연회 등 여러 행사를 열었어요. 특히 어린이날을 만들어 큰 행사를 열었답니다.

어린이날에는 우리가 주인공이래!

《사랑의 선물》

방정환이 유학 시절에 만든 우리나라 최초의 동화집이에요. 세계의 동화 중 좋은 작품을 골라 우리말로 번역했지요. 여기에는 〈왕자와 제비〉, 〈잠자는 왕녀〉 등 여러 유명한 동화가 실려 있답니다.

그럼 일본 순사들도 나중에 벌받겠네!

물론이지!

이 책에 나오는 나쁜 악당들은 모두 벌받았어!

| 한국사를 이끈 리더 ❿ 일제의 침략과 독립운동 | 시대 일제 강점기 | 키워드 3·1 운동, 저항 시인, 《님의 침묵》, 승려 |

한용운

독립을 노래한 저항 시인

독립운동가이자 시인이에요. 일제의 침략으로부터 고통받던 일제 강점기에 3·1 운동을 이끌었지요. 일제에 대한 저항 정신이 담긴 많은 시를 남기면서 민족 시인으로도 활동했어요.

1879년	1905년	1919년	1926년	1944년
태어남	설악산 백담사에 들어감	태화관에서 독립을 선언함	《님의 침묵》 펴냄	영양실조로 세상을 떠남

33인의 민족 대표

1919년, 한용운은 우리나라를 대표할 종교 단체나 유명한 사회 인사들을 모아 전국적인 독립운동을 계획했어요. 그리하여 기독교, 불교, 천도교의 지도자들을 비롯해 총 33명이 모였지요.
이들은 3월 1일 태화관에 모여 독립을 선언했어요. 한용운은 이 일로 고된 옥살이를 했지요.

대한 독립 만세!

서대문 형무소

일본이 우리나라를 본격적으로 침략하기 위해 1907년에 세운 감옥이에요.
일본은 이곳에 한용운을 비롯해 김구, 안창호, 유관순 등 수많은 독립운동가를 잡아 가두고 고문하거나 목숨을 앗아 갔어요.

《님의 침묵》

한용운은 힘들 때마다 시를 쓰며 마음을 다잡았어요. 그의 시에는 잃어버린 조국을 향한 절절한 사랑이 담겨 있지요. 특히 조국을 님으로 표현하고 있으며, 우리나라가 주권을 빼앗겨 슬프지만 다시 찾을 수 있다는 희망을 노래했답니다.

한국사를 이끈 리더 ⑩ 일제의 침략과 독립운동 | 시대 일제 강점기 | 키워드 신민회, 대한민국 임시 정부, 한인 친목회

안창호

애국정신을 일깨운 민족의 지도자

나라가 위태로울 때 조국을 위해 힘쓴 독립운동가예요. 그는 조국의 독립을 위해 국내외 한민족을 하나로 모으고, 뛰어난 리더십으로 조직을 이끌며 독립의 발판을 마련했답니다.

1878년 평안도에서 태어남

1894년 구세 학당에서 학문을 닦음

1903년 한인 친목회를 세움

1907년 신민회를 세움

1919년 상하이에 대한민국 임시 정부를 세움

1938년 세상을 떠남

> 나라에서 대대적인 독립운동이 일어났으니, 우리만의 단독 정부를 만들어 봅시다!

비밀 단체 신민회

안창호가 독립을 위해 만든 비밀 단체예요. 무려 8백 명이 넘는 사람들이 가입되어 있었지만, 서로 만나기 전까진 누가 회원인지 몰랐지요. 철저한 비밀을 통해 단체를 유지한 채, 독립을 위해 일했어요.
신민회는 학교를 세워 학생들이 애국심을 갖도록 가르치고, 출판을 통해 백성들에게 독립의 씨앗을 심어 주었지요. 또 민족의 지도자를 키우는 청년 단체도 만들었답니다.

대한민국 임시 정부

1919년 3·1 운동 이후, 독립운동가들은 국민을 더욱 조직적으로 지휘할 수 있는 지도부가 필요하다고 생각했어요. 그래서 그해 4월, 중국 상하이에 대한민국 임시 정부를 세웠지요. 안창호는 국무총리와 내무 총장을 맡기도 했어요.
임시 정부는 〈독립신문〉을 발행했고, 국내외 독립운동가들을 긴밀히 이어 주며 독립운동을 이끌었어요.

> 정부를 세워 우리나라가 스스로 나라를 다스릴 힘이 있다는 걸 전 세계에 보여 줍시다!

한국사를 이끈 리더 ⑩ 일제의 침략과 독립운동 | 시대 일제 강점기 | 키워드 대한민국 임시 정부, 《백범일지》, 신탁 통치

김구

광복과 통일을 꿈꾼 독립운동가

나라의 독립을 위해 노력한 독립운동가로, 임시 정부를 이끌기도 했어요. 그가 겪은 일제 강점기의 모습과 독립운동 과정은 그의 책 《백범일지》에 고스란히 남아 있지요.

- **1876년** 황해도 해주에서 태어남
- **1908년** 신민회에 들어감
- **1919년** 대한민국 임시 정부의 경무 국장이 됨
- **1931년** 한인 애국단을 만듦
- **1947년** 《백범일지》 펴냄
- **1949년** 총에 맞아 세상을 떠남

《백범일지》

김구가 쓴 자서전으로, 상권과 하권으로 나뉘어 있어요. 상권에는 그의 어린 시절부터 대한민국 임시 정부를 세우기까지의 삶을 자세히 기록했어요. 하권에는 독립운동과 우리 민족이 해방을 맞이했던 때까지의 내용이 담겨 있지요.
상권과 하권 뒤에 〈나의 소원〉이라는 글이 추가로 실려 있어요. 그는 이 글을 통해 완전한 독립 국가를 바라는 마음, 깊은 애국심 등을 표현했답니다.

한인 애국단

김구는 임시 정부 내에 비밀 조직인 한인 애국단을 만들었어요. 우리나라를 식민지화하는 데 앞장선 일본의 주요 인물을 없앨 용사를 키우는 단체였지요.
이때 활약한 인물이 이봉창과 윤봉길이랍니다.

> 조국을 위해 목숨을 바치겠다!

신탁 통치

힘이 있는 나라가 일부 나라를 대신 다스리는 통치 제도예요.
8·15 광복 이후 미국과 소련은 각각 남한과 북한을 통치하려고 했어요. 김구는 신탁 통치가 한민족을 나뉘게 할 거라며 강하게 반대했지요. 안타깝게도 김구는 반대편 사람의 총에 맞아 죽임을 당했어요.

> 나의 소원은 우리나라의 완전한 자주 독립이오!

쉬어 가는 페이지 2

가로

1. 힘이 있는 나라가 일부 나라를 대신 다스리는 통치 제도
2. 뒤주에 갇혀 죽은 영조의 아들이자 정조의 아버지
4. 고종이 새로 정한 우리나라 이름
5. 대한민국 임시 정부가 탄생한 곳
8. 사림파가 정치적으로 반대파인 사람들에게 큰 화를 당한 사건
10. 방정환이 만든 우리나라 최초의 어린이 문화 운동 단체
12. 동학 농민 운동을 일으킨 녹두 장군
14. 대한 제국이 일본에 의해 강제로 맺은 조약으로, 외교권을 빼앗김
17. 정조가 억울하게 죽은 아버지의 묘를 수원으로 옮긴 뒤, 그곳에 지은 성
18. 조선 후기에 최제우가 서학(천주교)에 대응하여 만든 종교
19. 최초의 한글 소설인 《홍길동전》을 지은 조선 후기의 소설가

세로

1. 고려 시대에 개혁 정치에 뜻을 둔 지배층으로, 정몽주·정도전 등이 있음
3. 훈민정음을 만든 조선의 제4대 왕
6. 안중근이 이토 히로부미를 처단한 도시
7. 태조 이성계가 요동 정벌을 포기하고 돌아와 왕을 내쫓고 정권을 장악한 사건
9. 세조 때 만들기 시작하여 성종 때 완성한 조선 시대 최고 법전
11. 조선 후기의 실학자로, 거중기를 만들고 《목민심서》를 지은 인물
13. 의병장 홍범도가 이끈 대한 독립군이 일본군을 무찌른 □□□ 전투. 청산리 대첩보다 먼저 일어남
15. 왕위에서 쫓겨난 단종을 다시 왕으로 세우려다 세조에게 들켜 죽은 6명의 충신
16. 고종의 아내로, 을미사변 때 일본에 의해 시해됨

· 정답은 64쪽에 있습니다.

정답

p.32 쉬어 가는 페이지 1

	❶광		❹권		❺불	교
❷연	개	소	문		국	
	토			❻삼	❼국	사	기
❸귀	주	대	첩		자	
	왕		❽화	통	도	감	
			랑				❸고
❾금				⓫훈	⓬요	십	조
❿윤	관		⓮청		나		선
	가		⓯발	해		라	
	야		⓰진	흥	왕		

p.63 쉬어 가는 페이지 2

❶신	탁	통	치	❺상	❻하	이	❼위
진				얼			❽사	화
❷사	도	❸세	자	빈				도
대		종		❾경		❿색	동	회
부		❽대	한	제	국			군
왕				대				
		⓫정		⓬전	⓭봉	준		⓰명
⓮을	⓯사	조	약		오		⓱화	성
	육		용		⓲동	학		황
	신		⓳허	균				후

한국사를 이끈 리더
인물사전

1판 1쇄 인쇄 2016년 6월 23일 | **1판 1쇄 발행** 2016년 7월 7일

엮음 편집부 | **그림** 이진우 양은정 심수근 이미진 | **구성** 문지연
펴낸이 권준구 | **펴낸곳** (주)지학사
편집이사 강현철 | **편집장** 박미영 | **팀장** 김은영 | **편집** 문지연 전해인 김솔지
디자인 이혜리 | **제작** 권용익 김현정 박대원 이진형 | **마케팅** 손정빈 송성만
등록 2010년 1월 29일(제313-2010-24호) | **주소** 서울시 마포구 신촌로6길 5
전화 02.330.5297 | **팩스** 02.3141.4488
홈페이지 www.jihak.co.kr/arb/book | **블로그** blog.naver.com/arbolbooks
ISBN 979-11-85786-72-8 74910
ISBN 979-11-85786-30-8 74910(세트)
잘못된 책은 구입하신 곳에서 바꿔 드립니다.

지학사아르볼 아르볼은 '나무'를 뜻하는 스페인어.
어린이들의 마음에 담긴 씨앗을 알찬 열매로 맺게 하는 나무가 되겠습니다.

이 도서의 국립중앙도서관 출판예정도서목록(CIP)은 서지정보유통지원시스템 홈페이지(http://seoji.nl.go.kr)와
국가자료공동목록시스템(http://www.nl.go.kr/kolisnet)에서 이용하실 수 있습니다.(CIP제어번호: CIP2016014996)